E-Book inside

Mit dem Kauf dieses Buchs erhalten Sie das zugehörige E-Book gratis. Sie können dabei aus zwei Dateiformaten wählen: EPUB (gängiges Format für E-Reader und Tablets) und PDF (für PC und Laptop). So kommen Sie an Ihr kostenloses E-Book:

Rufen Sie im Internet diese Website auf:
↗ http://www.junfermann.de/ebook-inside

Geben Sie den unten stehenden Code in das dafür vorgesehene Feld ein und klicken Sie → Code einlösen. Nach Eingabe Ihrer E-Mail-Adresse und Auswahl des E-Book-Formats erhalten Sie sofort einen Download-Link für das gewünschte E-Book an Ihre E-Mail-Adresse.

Bitte beachten Sie, dass der Code für Sie personalisiert wird und nur einmal gültig ist. Die Datei müssen Sie zunächst auf Ihrem Computer speichern, bevor Sie sie auf ein mobiles Endgerät überspielen können.

6GS3B2CZ

Daniela Blickhan

Das eigene Selbstbild erkennen und entfalten

Coaching mit dem Persönlichkeits-Panorama

www.junfermann.de

planetpsy.de

blogweise.junfermann.de

www.facebook.com/junfermann

www.youtube.com/user/junfermann

www.instagram.com/junfermannverlag

DANIELA BLICKHAN

DAS EIGENE SELBSTBILD ERKENNEN UND ENTFALTEN

COACHING MIT DEM PERSÖNLICHKEITS-PANORAMA

Junfermann Verlag
Paderborn
2024

Coverfoto © Carrie (AdobeStock), kreiert mit KI

Covergestaltung / Reihenentwurf JUNFERMANN Druck & Service GmbH & Co. KG, Paderborn

Satz & Layout JUNFERMANN Druck & Service GmbH & Co. KG, Paderborn

Bibliografische Information der Deutschen Nationalbibliothek

Die Deutsche Nationalbibliothek verzeichnet diese Publikation in der Deutschen Nationalbibliografie; detaillierte bibliografische Daten sind im Internet über http://dnb.d-nb.de abrufbar.

ISBN 978-3-7495-0587-6
Dieses Buch erscheint parallel als E-Book.
ISBN 978-3-7495-0588-3 (EPUB), 978-3-7495-0589-0 (PDF).

FSC www.fsc.org MIX Papier | Fördert gute Waldnutzung FSC® C106855

Inhalt

Vorwort

„Werde, wer du bist.“ Darum geht es in diesem Buch.

Wie können wir verstehen, wer wir sind bzw. geworden sind? Wie können wir uns weiterentwickeln, um unser Potenzial zu entfalten und aufzublühen? Wie wirken sich Erfahrungen, die wir auf unserer Lebensreise machen, auf unseren Selbstwert aus und auf die Ziele, die wir uns stecken? Wie können wir unsere Erfolge feiern? Wie können wir lernen, auch und gerade dann mit uns selbst freundlich und mitfühlend umzugehen, wenn wir Schmerz und Misserfolg erleben?

Diese Fragen sind zentral für die persönliche Entwicklung. Sie stellen sich in den verschiedenen Abschnitten unseres Lebens immer wieder aufs Neue und fordern von uns eine authentische und persönliche Antwort. Entsprechend spielen sie auch in fast jedem Coachingprozess eine Rolle.

In diesem Buch stelle ich dir eine Methode vor, wie du dich selbst besser kennenlernen und verstehen kannst. Du wirst dein Selbstbild erkunden und verschiedene Facetten deiner Persönlichkeit neu einordnen können. Das hilft dir dabei, Verständnis zu entwickeln für vergangene Erfahrungen und Frieden mit ihnen zu schließen. Es stärkt deine Zuversicht für die weitere Entfaltung deines Potenzials.

Du kannst die Methode als Coach mit deinen Klient*innen einsetzen und findest im Buch auch zahlreiche Beispiele für die verschiedenen Etappen aus Sicht der Coachees. Im Prinzip kannst du die Methode auch im Selbstcoaching nutzen, denn die Anleitung ist so gehalten, dass du sie Schritt für Schritt umsetzen kannst. Trotzdem empfehle ich dir aber, das Format, wenn möglich, mit einem Coach zu machen, denn allein die Anwesenheit einer anderen Person verändert den Rahmen, in dem du Zugang zu dir findest. Wenn die andere Person dich dann auch noch wertschätzend unterstützt und den Prozess professionell begleitet, wird sich dein Nutzen noch deutlich vertiefen.

Ich habe die Methode vor mehr als 20 Jahren entwickelt und im Jahr 2000 bei Junfermann erstmals ein Buch dazu veröffentlicht mit dem Titel *Persönlichkeits-Panorama*. Es stieß viele Jahre auf gute Resonanz, ist aber seit rund zehn Jahren vergriffen. Das Seminar zum Thema haben wir im INNTAL INSTITUT seit dem Jahr 2000 regelmäßig ein- bis dreimal im Jahr durchgeführt, und die Rückmeldungen der Teilnehmenden waren durchweg positiv, oft regelrecht enthusiastisch, sodass sich das Seminar unter den INNTAL-Teilnehmenden als regelrechter „Geheimtipp“ herumgesprochen hat. Bei jeder Seminareröffnung sage ich, dass bisher alle Teilnehmenden aus diesem Seminar mit einem positiven Ergebnis herausgegangen sind und dass ich gespannt darauf bin, ob das auch diesmal so sein wird. Tatsächlich habe ich nie neutrales oder negatives Feedback nach dem Seminar bekommen, sondern immer – wirklich immer – klare Rückmeldungen darüber, wie sehr das Seminar die Teilnehmenden beflügelt und bereichert hat. Deshalb habe ich das Buch nun nach knapp 25 Jahren neu geschrieben und meine Erfahrungen aus diesem Vierteljahrhundert Coaching und 15 Jahren Positiver Psychologie einfließen lassen. Und etliche Erfahrungsberichte von Klient*innen.

Das Persönlichkeits-Panorama habe ich ursprünglich als reine NLP-Methode entwickelt. Während meines Psychologiestudiums in den 1980er-Jahren begann ich meine NLP-Ausbildung. Mehr als zehn Jahre lang habe ich mich intensiv mit der Methode auseinandergesetzt und von den besten Trainern der 1980er- und 1990er-Jahre gelernt. Ich lernte, Sprache feinfühlig und wirksam einzusetzen, genau hinzuhören und -schauen, Coachingprozesse effektiv zu führen und immer wieder aufs Neue zu staunen, wie Klient*innen innerhalb kurzer Zeit erhebliche persönliche Veränderungen umsetzen konnten. Das Menschenbild des NLP, die entsprechende Grundhaltung als Coach und die wirksamen Veränderungsstrategien prägen bis heute mein Coachingverständnis. Auf dieser Grundlage habe ich Ende der 1990er-Jahre das Format Persönlichkeits-Panorama entwickelt.

Vor etwa 15 Jahren habe ich die Positive Psychologie kennengelernt und sie seitdem zum Fokus meines beruflichen Lebens entwickelt. Auch persönlich hat sie mein Leben stark geprägt und mich durch unterschiedliche Erfahrungen getragen. Mit der Sicht der Positiven Psychologie hat das Persönlichkeits-Panorama für mich noch mehr Tiefe gewonnen und gleichzeitig auch mehr Weite. Die Frage „Wer bin ich eigentlich?“ beschäftigt viele Menschen auf ihrem Lebensweg immer wieder, zusammen mit den Fragen „Wer bin ich nicht mehr?“ und „Wer möchte ich noch sein oder werden?“. Im „neuen“ Persönlichkeits-Panorama bleibe ich meinen Wurzeln im lösungsorientierten Coaching treu und integriere zusätzlich das wachstumsorientierte Coaching aus dem Welt- und Menschenbild der Positiven Psychologie.

Es war mir eine wirkliche Freude, dieses Buch neu zu schreiben und dabei die Erfahrungen der vielen Seminare und Coachings mit einfließen zu lassen. Es ist wirklich ein neu geschriebenes Buch geworden; nur im Kapitel 3.5 zu den „Modellen“ habe ich einige der frühen Texte – stilistisch überarbeitet – übernommen. Ich danke allen Teilnehmenden, die explizit (als Fallbeispiel) oder implizit etwas zu der Vielfalt beigetragen haben, die dich in diesem Buch erwartet. Meinen Coaching-Vorbildern danke ich für die Inspirationen, die sie mir mitgegeben haben, und den Forschenden der Psychologie und Positiven Psychologie für die wertvollen Erkenntnisse, die ich für die Anwendung „übersetzen“ durfte. Und meiner langjährigen Lektorin Heike Carstensen und dem ganzen Team des Junfermann Verlags danke ich für 30 Jahre vertrauensvoller Zusammenarbeit. Es war mir eine Freude!

Dir wünsche ich nun beim Lesen ganz viel Freude, und vor allem beim späteren Anwenden!

Daniela Blickhan

März 2024

Ein Hinweis zur Sprache in diesem Buch

Ich spreche dich als Leser*in in diesem Buch mit „du“ an – so als wären wir gemeinsam in einem Seminar. Ich bin seit vielen Jahren gewöhnt, Teilnehmende per du anzusprechen und kann es mir nicht mehr anders vorstellen. Mit der Du-Anrede möchte ich eine persönliche und direkte Verbindung zu dir als Leser*in herstellen.

Außerdem ist mir gendergerechte Sprache wichtig, um alle Menschen gleichermaßen anzusprechen. Sprache ist lebendig und entwickelt sich ständig weiter. Mein Ziel war eine inklusive und respektvolle Ausdrucksweise. Sollte dir aber eine Formulierung auffallen, die nicht alle Menschen gleichermaßen berücksichtigt, bitte ich um Nachsicht und freue mich über konstruktives Feedback.

Den englischen Begriff Coach verwende ich immer in dieser Form, da es für mich sehr seltsam klingt, wenn ein explizit englisches Wort deutsch gegendert wird („Coachin“).

1. Persönlichkeits-Panorama: Zugang zum eigenen Selbstbild

1.1 Das Selbstbild

1.1.1 Das Selbstbild und seine Entwicklung

„Wer bin ich?“ „Wer bin ich nicht … oder nicht mehr?“ „Wer möchte ich sein oder werden?“ Diese Fragen begleiten uns durch unser Leben, beginnend ab der Entwicklungsphase, in der sich unser Selbstkonzept zu formen beginnt.

Kinder im Vorschulalter schlüpfen gerne und häufig in Rollen anderer Menschen – meist solcher, die sie gut kennen oder bewundern – und ahmen deren Verhalten nach. Sie spielen „Familie“, „Prinz“ oder „Prinzessin“ und schlüpfen in die Rolle von Märchengestalten oder Figuren, die sie aus Büchern oder Filmen kennen. Sie erweitern so ihr eigenes Verhaltensrepertoire und üben spielerisch das Erleben verschiedener „Ichs“. In der Schulzeit treten weitere Rollenmodelle in den Fokus – zum Beispiel eine beliebte Klassenlehrerin oder der Sporttrainer. Außerdem gewinnt die Peergroup der Gleichaltrigen zunehmend an Bedeutung. Um dazuzugehören und sich als „ein Selbst in der Gruppe“ zu erleben, gleichen Kinder ihr Verhalten eher an das der Gruppe an. In der Pubertät entwickeln Jugendliche ihr eigenes Ich dann eher wieder in Abgrenzung von bisher vertrauten (oft familiär geprägten) Rollenmodellen: „Ich bin doch ganz anders als du!“ „So wie du möchte ich nicht sein!“

Alle diese Phasen der Entwicklung des eigenen Ichs, so schmerzhaft und konfliktreich sie auch im Einzelfall sein können, sind notwendige Schritte auf dem Weg zum eigenen, reifen Selbstkonzept. Erwachsenwerden bedeutet, ein Bewusstsein der eigenen Identität zu entwickeln. Dieser Prozess basiert auf persönlichen, biografischen Erfahrungen und wird durch zentrale Vorbilder geprägt. Eine erwachsene, reife Identität zeichnet sich dadurch aus, dass sie weder eine Kopie der Rollenvorbilder ist („Ich bin genauso wie du bzw. ihr.“), noch eine „Anti-Kopie“ („Niemals will ich so sein / werden wie du bzw. ihr! Ich bin ganz anders!“). Die erwachsene Identität zeichnet sich durch Unabhängigkeit aus. Das Selbstbild wird als „das eigene“ erlebt. Es kann Ähnlichkeiten mit Rollenvorbildern aufweisen, doch diese sind harmonisch in die eigene Persönlichkeit integriert: Inspiration statt Kopie, echte Unabhängigkeit statt Kampf oder Verstricktsein. Die eingangs genannten Fragen wirken in diesem Prozess der Selbstwerdung als Motor der Entwicklung: „Wer bin ich?“ „Wer bin ich nicht?“ oder „Wer bin ich nicht mehr?“ „Wer möchte ich sein?“ oder „Wer möchte ich werden?“

1.1.2 Das Selbstbild in unserer Aufmerksamkeit

Interessant ist die Tatsache, dass das eigene Selbstbild normalerweise im Hintergrund unserer Aufmerksamkeit bleibt. Wir gehen schließlich nicht durch unser Leben und fragen uns dabei ständig, wer wir sind, ob wir gut genug sind oder uns gerade ändern sollten. Im normalen Alltag sind wir darauf fokussiert, was wir tun oder erleben, und nicht auf die Frage, wer bzw. wie wir sind. Erst wenn es eine Diskrepanz zwischen Selbstbild und aktuellem Erleben gibt, tritt unser Selbstbild in den Vordergrund der Aufmerksamkeit – und das womöglich plötzlich und stark. Diese Diskrepanz kann entweder durch eine eigene Bewertung entstehen oder durch eine Beurteilung von außen. Diskrepanzbewertungen im Innen entstehen durch ein situatives Erleben von Misserfolg, Unzulänglichkeit, „nicht gut genug zu sein" oder „es nicht gut genug gemacht zu haben". Von außen kann Diskrepanzerleben durch kritisches, unerwartetes, abwertendes Feedback ausgelöst werden. In beiden Fällen fokussiert sich unsere Aufmerksamkeit dann direkt auf das eigene Selbstbild, vergleichbar mit einer Situation im Straßenverkehr, in der während der Fahrt plötzlich ein Reiz auftaucht, der uns unmittelbar reagieren lässt. Auch hier kann der Reiz von innen kommen – wir fühlen uns in der Verkehrssituation unsicher oder gefährdet und gehen deshalb vom Gas – oder von außen, zum Beispiel, wenn uns ein anderer Verkehrsteilnehmer die Vorfahrt nimmt und wir abrupt bremsen, um eine Kollision zu vermeiden.

Die Tatsache, dass unser Selbstbild normalerweise im Hintergrund unserer Aufmerksamkeit bleibt und uns von dort aus begleitet, ist psychologisch betrachtet eine sehr sinnvolle Entwicklung der Psyche. Hätten wir nämlich bei allem, was wir tun oder erleben, stets unser Selbstbild im Blick, wäre unsere Aufmerksamkeit sehr schnell überlastet, und wir wären nicht mehr in der Lage, unser Verhalten sinnvoll zu steuern. Dass unsere Aufmerksamkeit begrenzt ist, hängt damit zusammen, dass das Gehirn darauf ausgelegt ist, möglichst viel Energie zu sparen. Das im Verhältnis zu seiner Größe „energiehungrigste" Organ unseres Körpers hat im Rahmen unserer „Werkseinstellung" die Tendenz mitbekommen, überlebensrelevante Reize zu priorisieren. Was sich nicht direkt auf unsere Sicherheit auswirkt, wird nachgeordnet verarbeitet: später und langsamer. Da entwicklungsgeschichtlich betrachtet die überwiegende Anzahl von Bedrohungen von außen kam, nicht von innen, werden äußere Reize in unserer Wahrnehmung und Verarbeitung priorisiert.

Das Selbstbild bleibt also im Hintergrund unserer Aufmerksamkeit, und zwar, wie gesagt, so lange, bis wir eine Diskrepanz erleben, die von unangenehmen Gefühlen begleitet wird oder unser Selbstbild bedroht. Diese „Werkseinstellung des Gehirns" kann auch gut illustrieren, warum viele Menschen positive Erfahrungen nicht unmittelbar und spontan in ihr Selbstbild aufnehmen, sondern „durchrauschen lassen":

Was überlebensrelevant und potenziell bedrohlich ist, wird priorisiert wahrgenommen. Und das Signal für diesen Prozess sind **unangenehme Gefühle**.

Positive Erfahrungen hingegen werden von **angenehmen Gefühlen** begleitet. Die Emotionsforschung kann überzeugend belegen, dass angenehme Gefühle im Vergleich zu den unangenehmen langsamer und schwächer in unserer Aufmerksamkeit ankommen[1]. Ist ein positiver Reiz also nicht außergewöhnlich und stark, sodass er sich in der laufenden Reizverarbeitung quasi „vordrängelt", besteht eine hohe Wahrscheinlichkeit, dass wir den positiven Impuls einfach vorbeiziehen lassen, dabei möglicherweise diffus ein angenehmes Gefühl erleben, den Inhalt aber nicht direkt in unser Selbstbild integrieren. Negative Informationen finden dagegen schnell und direkt einen Platz im Selbstbild.

1.2 Das Persönlichkeits-Panorama als anschaulicher Zugang zum Selbstbild

Das Persönlichkeits-Panorama bietet eine Möglichkeit, unser Selbstbild buchstäblich in den Blick zu holen. Wir können damit unsere Fähigkeiten, Stärken, Überzeugungen und Werte sichtbar und erlebbar machen. Wir bringen das nach außen, was normalerweise im Hintergrund unserer Aufmerksamkeit bleibt, unser Verhalten aber dennoch maßgeblich beeinflusst und steuert. Und das holen wir jetzt aktiv in den Vordergrund unserer Aufmerksamkeit.

Wir betrachten im Persönlichkeits-Panorama das Selbstkonzept, persönliche Qualitäten, Stärken, Werte und innere und äußere Ressourcen. Anders als im Alltag geschieht das aber nicht unter dem Eindruck einer Diskrepanz und den entsprechend unangenehmen Gefühlen, sondern in einem geschützten, unterstützenden Coachingrahmen, der durch Interesse und Wertschätzung geprägt ist. Dieser Prozess entwickelt sich in verschiedenen Phasen, und die Klient*innen werden auf dieser Reise von einem Coach begleitet.

---

1 Hier wäre das Thema des „negativity bias" zu nennen („Bad is stronger than good", Rozin und Royzman 2001) und die *Broaden- and Build*-Theorie der positiven Emotionen (Fredrickson 2001, 2013). Da beides an anderer Stelle ausführlich beschrieben wurde (Blickhan 2018, 2021), wird hier nur darauf verwiesen.

1.3 Wie Persönlichkeits-Panoramen aussehen können

Bevor wir das Vorgehen im „Panorama-Coaching“ genauer betrachten, möchte ich gerne einen Einblick in den Facettenreichtum und die Individualität dieser „Selbstbilder“ geben. So bekommst du eine Vorstellung davon, wie unterschiedlich Persönlichkeitspanoramen aussehen können. Das Prinzip im Persönlichkeits-Panorama lässt sich sehr treffend mit einem Zitat veranschaulichen, das mich seit langem begleitet: „Werde, wer du bist.“ Und das ist nicht zu verwechseln mit: „Werde, wer du sein kannst.“

Am besten lässt du die Bilder einfach auf dich wirken und schaust eher auf das große Ganze, weniger auf einzelne Details. Diese kommen später.

Abbildung 1.1: Beispiel zur Frage „Wer bin ich?“

Hier siehst du das Ergebnis eines Coachingprozesses, in dem eine Klientin ihre Antwort auf die Frage „Wer bin ich?“ für sich greifbar und spürbar gemacht hat. Genau das ist bei der Arbeit mit dem Persönlichkeits-Panorama zentral. Es geht nicht um die Fragen „Wer wäre ich denn gern?“, „Wer möchte ich sein?“ oder „Wer möchte ich noch werden?“, sondern um eine ehrliche Bestandsaufnahme, sozusagen eine Inventur. Die Klientin in ihrer aktuellen Lebensphase schaut darauf, was **ist** – nicht auf das, was **sein sollte**. „Wer bin ich? Und was ist alles in mir?“ Und das bringen wir gemeinsam nach außen, damit es sichtbar und spürbar wird.

Wenn du das Bild genauer betrachtest, fallen dir einzelne Karten im Persönlichkeits-Panorama auf. Das sind sozusagen Mosaiksteine, aus denen sich das Bild (also die

Visualisierung des Selbstbilds) zusammensetzt. Mit diesen Karten kann man arbeiten, man kann sie verschieben, man kann damit sogar Brücken bauen. In diesem Bild wurde dafür eine dritte, räumliche Dimension benutzt und es wurden Verbindungen geschaffen, die an japanische, bogenförmige Brücken erinnern. In der Mitte gibt es eine Karte „Ich bin ich". Sie erscheint gleich dreifach! Außerdem erkennst du noch eine Blanko-Karte, den sogenannten Joker, der noch eine wichtige Funktion übernehmen kann. Dazu kommen wir später, wenn ich das Vorgehen im Coaching beschreibe.

Die Anzahl an Karten variiert und ist kein Kriterium für die Qualität eines Coachingprozesses oder für die Einordnung eines Panoramas. Es gibt Panoramen, die mit wenigen Karten auskommen, und es gibt solche, da holen sich Coaches im Seminar Karten-Nachschub, weil die ursprünglich vorhandenen nicht ausreichen.

1.3.1 Vorher-Nachher-Veränderungen

Im Folgenden siehst du Fotos von Panoramen, die im Seminarkontext entstanden sind[2]. Lass die Sprache dieser Bilder einfach auf dich wirken.

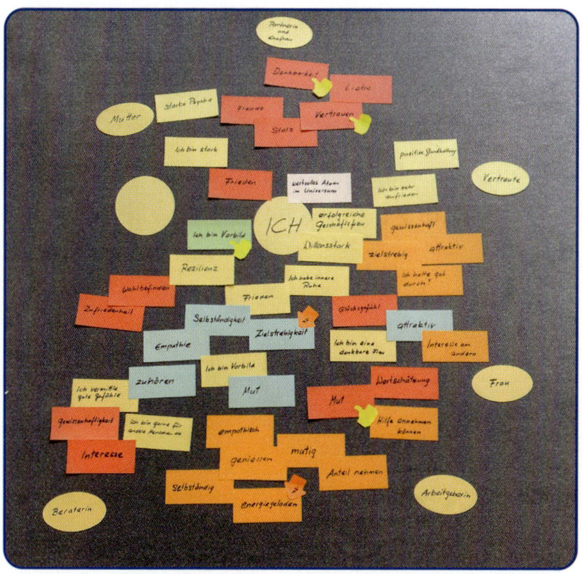

Abbildung 1.2: Beispiel 1 für „vorher"

2 Die Aufnahmen sind Originalaufnahmen aus Seminaren und wurden nicht in „Studioqualität" nachgestellt.

Nach der Bearbeitung mit dem Coach im Seminar sah das Schlussbild völlig anders aus.

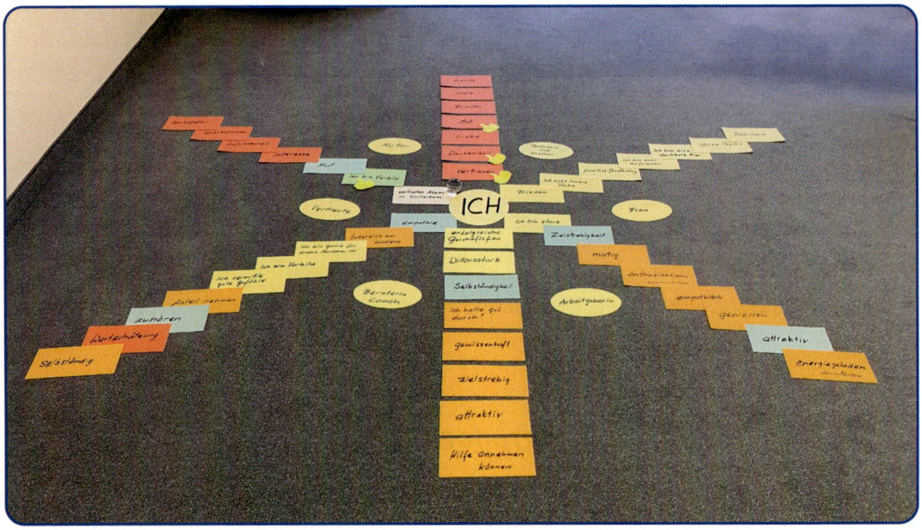

Abbildung 1.3: Beispiel 1 für „nachher"

Aus dem kompakten Block wurde ein luftiger Stern, der der Klientin Raum zum Atmen lässt (so ihre Erklärung) und Bewegung ermöglicht. Auf den „Strahlen" kann sie flexibel entlanggehen und den jeweils passenden Weg wählen.[3]

Eine ähnliche Veränderung sehen wir im nächsten Beispiel: Das Startbild zeigt fünf kompakte Bereiche, in der Mitte liegt die Jokerkarte.

3 Mehr zur persönlichen Bedeutung des Bildes erfährst du von dieser Klientin im Abschnitt 4.8.5 „Was sagen erfahrene Coaches zu ihrem eigenen Panorama?"

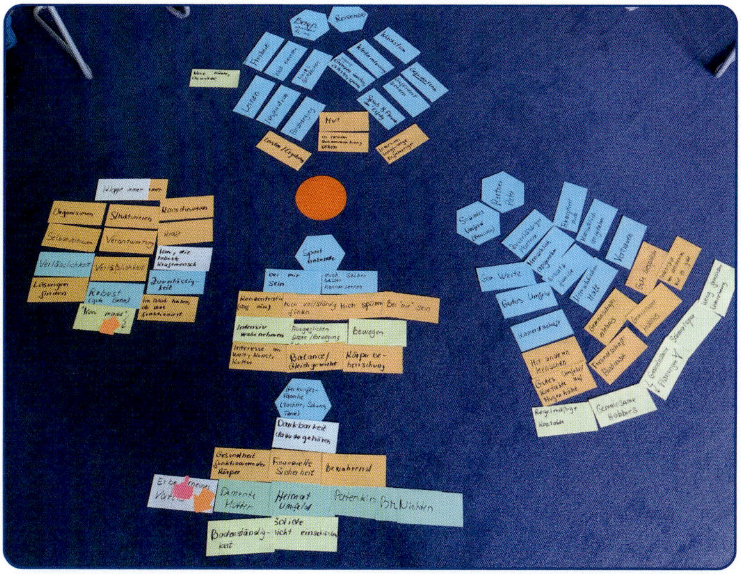

Abbildung 1.4: Beispiel 2 für „vorher“

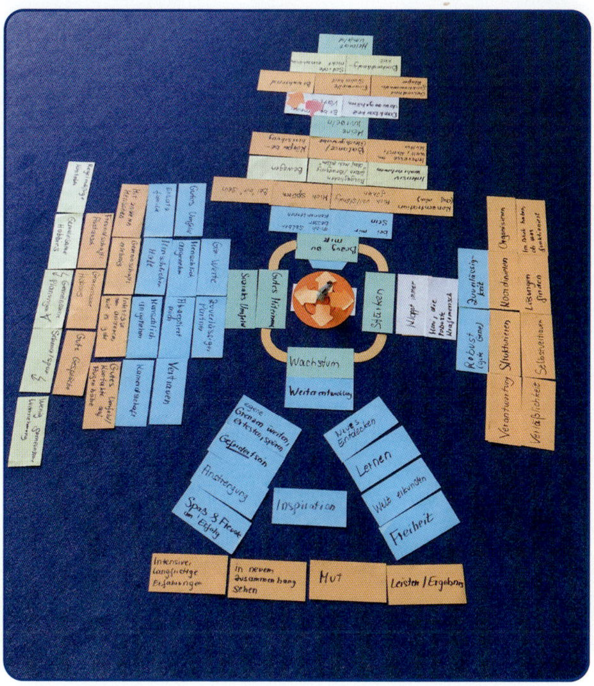

Abbildung 1.5: Beispiel 2 für „nachher“

Im Schlussbild zeigte sich ein starkes Zentrum, eingerahmt von zentralen Werten. In die Mitte stellte die Klientin auf ihre Jokerkarte einen kleinen Elefanten als Symbol dafür, dass sie künftig ihr „System 1" mehr in den Vordergrund holen möchte und das analytische Denken (den „Reiter") öfter mal in den Hintergrund treten lässt (mehr zu System 1 und System 2 sowie zu „Elefant und Reiter" auf S. 33 ff.). Aus diesem Zentrum heraus kann sie dann entscheiden, welchen Bereich sie betrachten will und ist dabei in alle Richtungen beweglich, symbolisiert durch die vier Pfeile im Zentrum, die jeweils in eines der umgebenden Felder weisen.

1.3.2 „Panorama-Metaphern"

Das nächste Panorama, das wir uns kurz anschauen, entstand im Seminar. Zu Beginn stellte das Bild für die Teilnehmerin viele unterschiedliche Gefühle dar. Zwar waren Kraftquellen vorhanden, doch ihre Wirkung wurde durch Probleme und Überlastung überschattet.

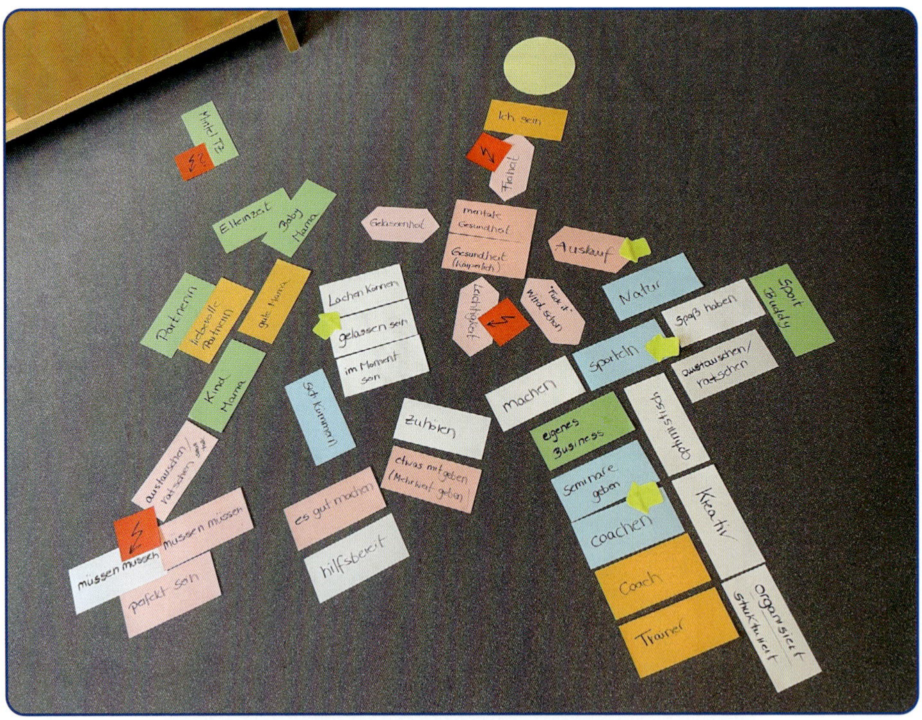

Abbildung 1.6: Beispiel 3 für „vorher"

Nach der Bearbeitung hatte sich das Bild deutlich verändert. Als Metapher wählte die Teilnehmerin eine Wanderung in Richtung Sonne. Der Weg beginnt links unten mit den gepackten „Rucksäcken“. Die „Füße“ der Teilnehmerin symbolisieren die Startposition an einem „Wegweiser“. Er steht für die Möglichkeit, sich immer wieder aufs Neue entscheiden zu können, in welche Richtung es heute gehen soll. Der Weg führt dann in Richtung der Sonne, deren Strahlen mit kraftvollen Ressourcen bestückt sind. Bilder und persönliche Symbole runden das Panorama ab.

Abbildung 1.7: Beispiel 3 für „nachher“

Die Sonne als Ziel der Wanderung.

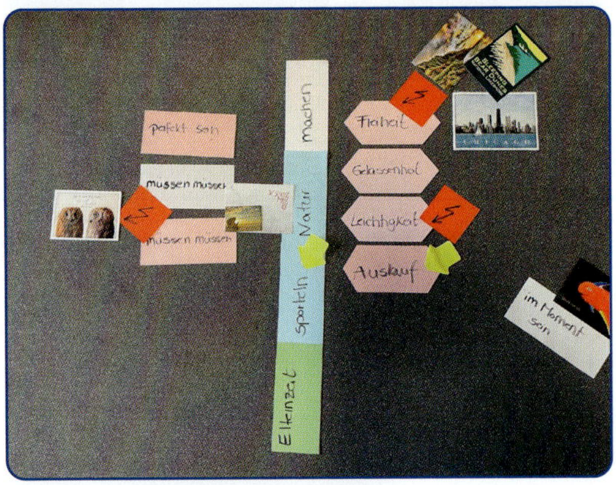

Der „Wegweiser“, um sich immer wieder neu entscheiden zu können.

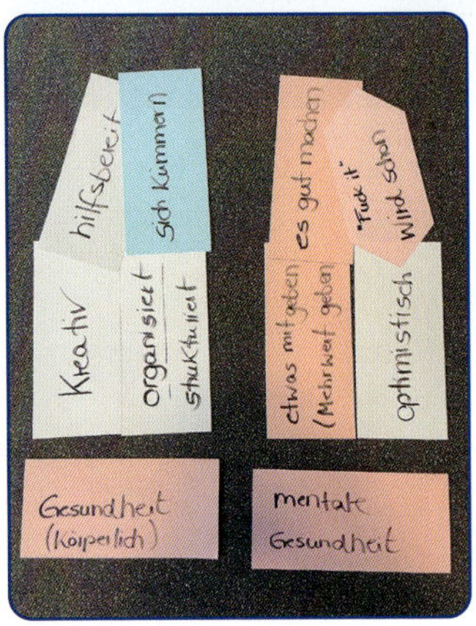

Die „Füße und Beine“, mit denen die Wanderung gelingt.

Abbildung 1.8: Details für den „Weg zur Sonne“

Die Teilnehmerin, die selbst als Coach tätig ist, beschrieb die Wirkung der Arbeit mit ihrem Panorama einige Tage nach dem Seminar so: „Das Persönlichkeits-Panorama kennenlernen zu dürfen, war für mich als Coach eine absolute Bereicherung. Vor allem aber aus der Erfahrung als Klientin, denn einmal selbst ganz in das eigene ICH ‚eintreten' zu dürfen, ist unbezahlbar.

Der Prozess lädt zu tiefer, persönlicher Reflexion ein, was teils hoch emotional ist, allerdings auch ein wunderbarer Genussmoment, wenn man kreativ, energetisch wie ein Kleinkind seine eigenen Karten legen, verschieben und zusammenfügen darf. Eine wunderschöne Spielwiese, sich selbst und seine Welt mit allen Aspekten und Stärken kennenzulernen. Das Endergebnis schafft eine unglaubliche Klarheit und der Prozess wirkt noch lange nach, sodass ich auch Tage später noch kleine ‚Wunderzufälle', Erinnerungen und Gedankenanstöße finden kann."

Und noch ein Beispiel für ein Panorama, diesmal in der Form eines Baums. Der Stamm trägt eine volle, verzweigte Krone.

Abbildung 1.9: Lebenspanorama als Baum

1.3.3 Die dritte Dimension

Oft wird in Panoramen auch die dritte Dimension einbezogen. Dann werden aus Karten Brücken gebaut oder es werden vorhandene Gegenstände integriert.

In diesem Panorama erhielt sogar ein Stuhl eine Funktion. Den Armlehnen wurde eine Bedeutung zugeordnet, ebenso der Sitzfläche, der Rückenlehne und natürlich auch dem Boden, auf dem der Stuhl steht. Man kann sich leicht vorstellen, wie es sich für die Klientin anfühlte, sich in ihr Panorama „hineinzusetzen".

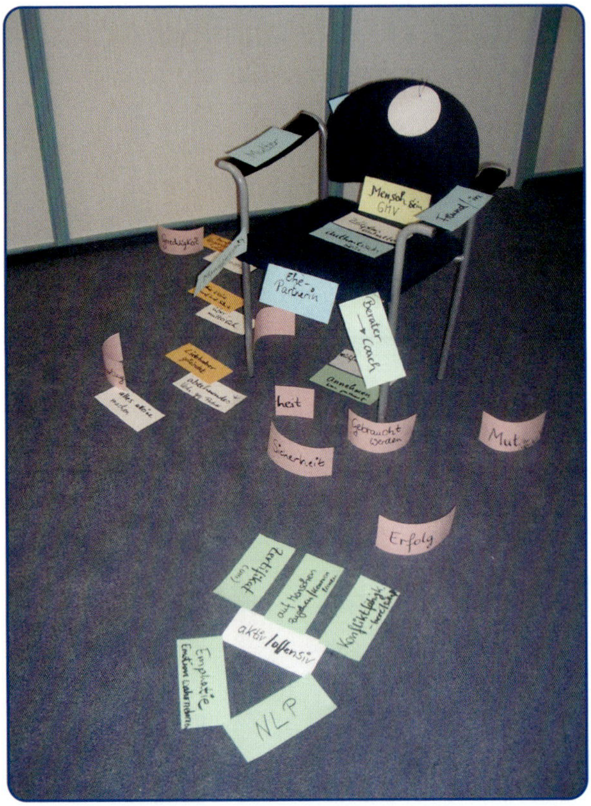

Abbildung 1.10: Ein Stuhl als Beispiel für die dritte Dimension

Abbildung 1.11: Eine Treppe als Beispiel für die dritte Dimension

Im nächsten Beispiel, bei der rosafarbenen Treppe, ging es der Klientin um die Frage „Wer bin ich denn eigentlich? Und was sind meine zentralen Werte?“ Und im Bild hat sie einen Ausdruck dafür gefunden, dass zwei zentrale Werte (einer davon Treue, siehe Abbildung 1.11) das eigene Ich stützen und tragen. Ein solches Bild kann als ein sehr starker Anker wirken und bleibt oft über Monate, oft sogar Jahre präsent.

1.3.4 Welche persönliche Bedeutung haben das Bild und seine Elemente?

Das Persönlichkeits-Panorama ist eine Illustration des Selbstbilds, das wir für einen begrenzten Zeitraum aus dem Hintergrund unserer Aufmerksamkeit in den Vordergrund holen. Ein solches Bild setzt sich aus vielen verschiedenen Facetten zusammen, von denen manche vertraut erscheinen, andere neu und wieder andere vielleicht auch als überholt und „bereit fürs Archiv“. Im Gespräch mit Coachees bietet sich dafür als Metapher das Bild eines Mosaiks an. Als Coach könntest du es deiner Klientin folgendermaßen anbieten:

Das eigene Selbstbild ist wie ein Mosaik. Manche Steine erscheinen vielleicht schimmernder als andere, manche sind rund und glatt, manche haben Ecken und Kanten. Manche Mosaiksteine kommen vielleicht aus Phasen, in denen mein Leben nicht so einfach war. Manche glitzern und funkeln und sind mir im Moment besonders wichtig.

Bei einem Mosaik ist es faszinierend, wie wichtig der eigene Blickwinkel ist: Nah vor dem Bild sehe ich Details, einzelne Elemente, Vielfalt. Und sobald ich etwas zurücktrete, kann ich erkennen, welches größere Bild dargestellt wird. Dieses größere Ganze erschließt sich nicht aus der Betrachtung der Details, sondern aus dem Abstand.

© Platelicker – Pixabay

© Hans – Pixabay

In der Arbeit mit dem Persönlichkeits-Panorama spielt beides eine Rolle: sowohl die Betrachtung der Details als auch der Blick aufs größere Ganze. Immer wieder faszinierende Antworten bringen Fragen wie „Was bedeutet diese Anordnung für dich?" „Welche Rolle spielt dieses Symbol und warum liegt es an dieser Stelle im Bild?" Die Antworten darauf kommen meistens direkt und intuitiv. Die Klientin kann deutlich spüren, „dass das so stimmt", wo und wie der jeweilige „Mosaikstein" liegt, und dass eine noch so minimale Veränderung der Position „wirkt" und spürbar etwas verändert. Diese Wirkung wird ganzheitlich erlebt. Sie kann in Worte gefasst werden und bekommt damit eine benennbare Bedeutung. Diese Stimmigkeit ist für Coachees faszinierend und bestätigend zugleich und führt zu einer sehr präzisen äußeren Anordnung der Elemente und einer starken inneren Identifikation mit dem Bild.

Was Seminarteilnehmende zu den Beispielbildern sagen

„Einfach nur Wow, was wirklich in einer so kurzen Zeit im Coaching passieren kann! Ich bin wirklich geflasht, wie unterschiedlich die Darstellung der Bilder ist. Da spielt die eigene Persönlichkeit wirklich eine große Rolle."

„Ich bin jetzt noch viel gespannter auf das, was im Seminar auf uns zukommt und wie das bei mir und meinem Coachee am Ende aussehen wird."

„Danke für den Ausblick; ich bin jetzt total neugierig."

„Also, ich fühle mich ja nie so besonders kreativ in solchen Prozessen. Und deswegen finde ich das total klasse, dass wir jetzt sehen können, welche ganz unterschiedlichen Möglichkeiten es gibt."

„Ich finde die Vorstellung total spannend, bei der Gestaltung etwas an die Oberfläche kommen zu lassen, was man selbst noch gar nicht kennt."

2. Was bringt die Arbeit mit dem Persönlichkeits-Panorama?

Bevor wir das Vorgehen im Coachingprozess genauer betrachten, braucht es den Blick auf die Indikation dieser Methode. Wozu ist das Persönlichkeits-Panorama nützlich? Was ist das Ziel, wenn du es einer Klientin, einem Klienten im Rahmen einer Coachingbegleitung anbietest? Welchen Nutzen hast du als Coach vom Einsatz der Methode und wann im Coachingprozess setzt du es am besten ein?

2.1 Nutzen für Klient*innen

Beginnen wir damit, welches Nutzenversprechen in Bezug auf das Persönlichkeits-Panorama du dem Menschen geben kannst, der als Coachee zu dir kommt: Wie erklärst du, was es bringt, wenn ihr euch für diese Arbeit mehrere Stunden Zeit nehmt? Einen wesentlichen Teil der Antwort hast du bereits kennengelernt, als ich beschrieben habe (siehe Kapitel 1, Seite 13 ff.), wie unser eigenes Selbstbild sich entwickelt, wie es normalerweise im Hintergrund „mitläuft" und dennoch stark beeinflusst, wie wir uns verhalten, sowohl in Bezug auf unsere Werte und Ziele als auch anderen Menschen gegenüber. Dieses Selbstbild holen wir im Persönlichkeits-Panorama aus dem Hinter- in den Vordergrund und machen es sichtbar, greifbar und erlebbar.

Doch wie aktuell ist unser Selbstbild eigentlich? Für die Version, mit der viele Menschen durch ihr Leben laufen, müssten sie eigentlich die Meldung erhalten, dass ein Update verfügbar ist – wie beim Smartphone: „Bitte aktualisieren Sie Ihr System." Im Persönlichkeits-Panorama bekommen Klient*innen zunächst einen konkreten Zugang zu ihrem Selbstbild. Und sollten sie mit einer „veralteten Version" leben, haben sie dann die Möglichkeit, sie aktualisieren. Aufgrund unserer „psychischen Werkseinstellung", von der bereits die Rede war, ist die veraltete Version eher der Regelfall als die Ausnahme.

Hier eine Übersicht der Nutzenargumente für die Arbeit mit dem Persönlichkeits-Panorama, wie du sie als Coach Klient*innen vermitteln kannst:

- **Wer bin ich?**
  In der Arbeit mit dem Persönlichkeits-Panorama kannst du dein Selbstbild aus dem Hintergrund der Aufmerksamkeit in den Vordergrund holen und dir bewusst machen, wer du bist – und vielleicht auch, wer du nicht (mehr) bist. Es ist eine Bestandsaufnahme für dich, in der es vorerst nicht um Ziele geht. Die können sich am Ende daraus entwickeln; im Mittelpunkt der Arbeit steht, was ist: „Wer bin ich, und wie bin ich?"
- **Was sind meine Themen?**
  Du bist ins Coaching gekommen, weil du Veränderungsbedarf hast. Diese Themen werden im Persönlichkeits-Panorama sichtbar. Gemeinsam können wir sehen und entscheiden, welche Themen wir im Rahmen des Coachings betrachten wollen.
- **Welche Ressourcen tragen mich?**
  Auch deine Ressourcen, Kraftquellen und Stärken werden sichtbar. Damit wird deutlich, was dir Rückenwind geben kann, um mit den eigenen Themen und Problemfeldern umzugehen.
- **Wie gehe ich weiter?**
  Du kannst mithilfe des Persönlichkeits-Panoramas Themen benennen und einen neuen Zugang zu ihnen finden – und vielleicht kommst du bereits ein oder zwei Schritte bei diesen Themen weiter.

  Anmerkung: Das Persönlichkeits-Panorama ist im Grunde ein **diagnostisches Vorgehen**, weil es Themen, Problemfelder und Ressourcen aufzeigt. Gleichzeitig ist es eine kraftvolle **Intervention** und bietet Impulse für Veränderung, Versöhnung und Integration.
- **Mein Bild begleitet mich.**
  Aus meiner Sicht als Coach kann ich dazu sagen: Coachees, die länger im Coachingprozess sind oder nach längerer Zeit wiederkommen, sagen oft, wie stark und spürbar sie ihr Bild seitdem begleitet. Möglicherweise hat es sich inzwischen auch verändert, vielleicht aber auch nicht. Beides ist möglich, und in beiden Fällen hat der Coachee das Gefühl, von dem Bild in seiner weiteren Lebensreise gut „getragen" zu werden.

2.2 Nutzen für Coaches

Welchen Nutzen bringt es dir als Coach, ein Persönlichkeits-Panorama durchzuführen? Wann kannst du es einsetzen, wann bringt es besonders viel?

- **Grundlage im Coachingprozess**
  Mit dem Persönlichkeits-Panorama lernst du deine Klientin in kurzer Zeit sehr gut kennen. Der Informationsgewinn ist sehr hoch und du erfährst viel über diesen Menschen, und zwar nicht themengebunden wie sonst im Coaching üblich. Statt auf einzelne Situationen und Verhaltensweisen zu schauen, hilfst du der Klientin dabei, sich ihres Selbstbilds bewusst zu werden. Sie beschreibt dir nicht nur, welche Themen sie beschäftigen, wo Probleme liegen und welche Ziele sie erreichen möchte, sondern ihr schaut sozusagen gemeinsam hinter ihre Themen. „Wer bist du?" „Was macht dich aus?" Ein solches, ganzheitliches Wissen hilft dir, sie in eurer weiteren Zusammenarbeit gut zu begleiten.

- **Gemeinsame Planung der Coachingthemen**
  Das Persönlichkeits-Panorama veranschaulicht das Selbstbild. So werden Ressourcen sichtbar, aber auch, bei welchen Themen Coaching- und Veränderungsbedarf besteht. Du kannst so in Absprache mit dem Coachee das Coaching planen. Als prozessorientierter Coach beschleicht einen ja manchmal ein Gefühl, als würde man von einem Thema zum nächsten springen, hier unterstützen, dort ein Feuer löschen – und manchmal hat man über die Zeit etwas Mühe, den roten Faden (wieder) zu entdecken. Mit dem Persönlichkeits-Panorama kannst du die Beratungsplanung gemeinsam mit deiner Klientin machen: Um welche Themen geht es ihr in der Zusammenarbeit? In welcher Reihenfolge wollen wir uns diese gemeinsam anschauen? Wie werden wir uns miteinander auf den Weg machen, damit die Klientin dort ankommt, wohin sie möchte und ihre Ziele erreichen kann?
  Natürlich sind dir als Coach diese Fragen aus der Auftragsklärung im Coaching bekannt und vermutlich auch vertraut. In der Arbeit mit dem Persönlichkeits-Panorama erreichen die Antworten aber eine andere Tiefe und Ganzheitlichkeit.

- **Lösungsorientiertes, anschauliches, intuitives Vorgehen**
  Das Persönlichkeits-Panorama ist fest im ressourcen- und lösungsorientierten Coaching verankert. Das Vorgehen ist unmittelbar sichtbar, greifbar, spürbar. Die Klientin schreibt ihre Karten, sieht sie, kann sie berühren, verschieben, bearbeiten. Als Coach weißt du vermutlich, wie unglaublich hilfreich es ist, mit externen Ankern für interne Prozesse zu arbeiten. Indem wir etwas aus dem Hintergrund unserer Aufmerksamkeit nach vorne holen und externalisieren, können wir es betrachten, neu einordnen, vielleicht ergänzen oder verändern und dann wieder nach innen holen und integrieren. Das gibt Impulse für Veränderung und neue Erkenntnisse.

Diese Argumente sind nützlich, denn ein Persönlichkeits-Panorama braucht Zeit; man schließt es nicht mal eben innerhalb einer Coachingstunde ab. Im Seminarkontext verbringen wir zwei Tage damit, den Prozess kennenzulernen, etappenweise durchzuführen und auszuwerten. Im Einzelcoaching sind in der Regel zwei Doppelstunden anzusetzen, häufig auch mehr. Und deshalb ist es günstig zu erklären, warum es sich lohnt, diese Zeit und Energie gemeinsam zu investieren.

Abschließend möchte ich noch ein Nutzenargument nennen, das du als Coach vermutlich nicht explizit mit deinem Klienten besprichst, das aber implizit grundlegend wichtig ist für das Verständnis des Coachingprozesses im Persönlichkeits-Panorama. Wir haben bereits etabliert, dass das Selbstbild normalerweise im Hintergrund unserer Aufmerksamkeit bleibt, und dass das auch gut so ist. Wenn wir uns bei allem, was wir tun, fragen würden, wie unser Verhalten zu unserem Selbstbild passt, wären wir in kürzester Zeit im „Overload" und nicht mehr handlungsfähig. Es stellt sich also die Frage: Wie bekommen wir im Coaching Zugang zu etwas, das normalerweise im Hintergrund bleibt, ohne den sogenannten Tausendfüßlereffekt auszulösen. Damit bezeichnet man Fehler, die sich einstellen, wenn wir etwas bewusst machen wollen, das automatisch im Hintergrund abläuft. Wir alle wissen, wie es sich anfühlt, wenn man gebeten wird, etwas, das man völlig automatisch tut, zu erklären. Wie gehst du eine Treppe hinunter, ohne zu fallen? Wie ziehst du einen Pullover aus? Wie verhältst du dich in einem Videocall; worauf richtest du dort deine Aufmerksamkeit?

Kaum beginnen wir, einen automatisierten, eingeübten Prozess zu beschreiben, setzt der „Tausendfüßlereffekt" ein und wir stolpern sprichwörtlich über unsere eigenen Beine. Dieses Risiko besteht theoretisch auch beim Betrachten des eigenen Selbstbilds und wir wirken ihm effektiv entgegen, indem wir ein spielerisches, intuitiv zugängliches Vorgehen nutzen. Die Klientin schiebt „Mosaiksteinchen" (ihre Karten) hin und her und weil sie so damit beschäftigt ist, mit diesem Material zu arbeiten (bzw. zu spielen), verringert sich das „Stolperrisiko". Daniel Kahneman spricht vom schnellen und langsamen Denken, und unser „schnelles Denken" (System 1) ist mit den „Mosaiksteinchen" gut beschäftigt. Zwischendurch kommt das „langsame Denken" (System 2) immer mal wieder in den Vordergrund, um als Einsichtsinstanz zu erklären, was auf der spielerischen Ebene gerade geschehen ist. Und deshalb stolpern wir nicht, denn wir erklären nicht den Prozess des Gehens, sondern wir sprechen über den zurückgelegten Weg bzw. die Aussicht von dem Platz aus, an dem wir gerade stehen.

Um diesen Zusammenhang zwischen automatischem und bewusst gesteuertem Denken zu illustrieren – auch für Klient*innen – bewährt sich die Metapher von Elefant und Reiter:

System 1 und 2 – Die Metapher von Elefant und Reiter[4]

In der ***Glückshypothese*** (2006), die historische, philosophische Betrachtungen mit modernen psychologischen Erkenntnissen verbindet, bietet auch der Psychologe Jonathan Haidt eine Metapher für die verschiedenen Prozesse an, die in unserer Psyche zusammenspielen. Er knüpft damit an historische Bilder von Pferden oder anderen Tieren und ihren Reitern, Kutschern oder Wagenlenkern an, aber auf eine Weise, die den evolutionär begründeten Größenverhältnissen der verschiedenen metaphorischen Akteure besser entspricht.

Diese Akteure sind bei Haidt ein Elefant und sein Reiter. Der Elefant hat die Kontrolle über das Vorwärtskommen der beiden, deutlich mehr Kraft, ein gutes Gedächtnis und ein hohes Interesse an Sicherheit und Bequemlichkeit. Er fokussiert eher auf die unmittelbare Umgebung als auf entfernte Gegebenheiten, und auf die konkrete Landschaft, nicht auf abstrakte Repräsentationen.

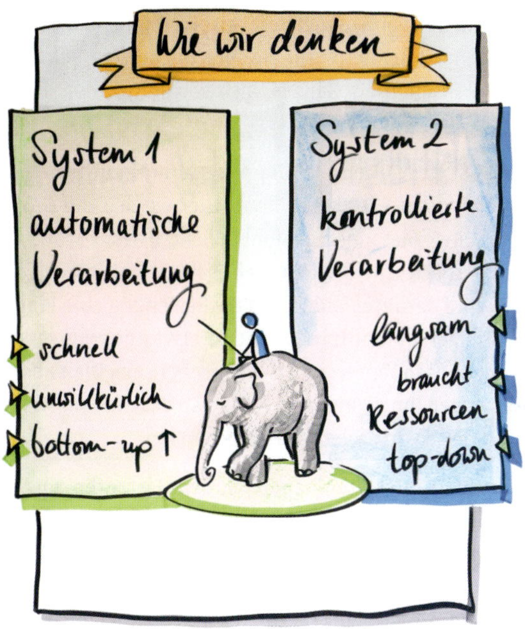

Abbildung 2.1: Elefant und Reiter (Sasha Blickhan, nach Haidt 2006 und Kahnemann 2011)

Der Elefant steht für das, was in Daniel Kahnemans *Dual-Systems*-Modell der Verarbeitung (2011) schlicht *System 1* heißt, nämlich die automatische Verarbeitung. Sie beinhaltet Ge-

4 Aus: Blickhan (2021): *Positive Psychologie im Coaching*, S. 25–28.

fühle, aber auch unwillkürliche, kognitive Bewertungen oder (voreilige) Schlüsse und Vorurteile, Wahrnehmung, Gedächtnis, unwillkürliche Aufmerksamkeitssteuerung und alles, was in historisch und populär verbreiteten Vorstellungen dem sogenannten Unbewussten zugeordnet wird.

Diese Art der Verarbeitung geht schnell und effizient, denn für sie ist unser Gehirn seit Jahrmillionen evolutionär optimiert. Die entsprechenden kognitiven, affektiven und motivationalen Prozesse laufen *bottom-up*, also direkt auf Reiz- und Reaktionsebene ohne Umwege über abstrakte Regeln. Reizmuster sind hier implizit verankert, nicht explizit reflektiert. Der Elefant hat also klare Präferenzen, die er nicht in Worte fasst, sondern die sich direkt im Verhalten ausdrücken.

Der Reiter hat mehr Überblick und größere Freiheit im Planen strategischer Routen. Er steht für Kahnemans *System 2*, die kontrollierte Verarbeitung. Das heißt bewusstes, reflektiertes Nachdenken, Impulskontrolle, Planen und Belohnungsaufschub – Fähigkeiten, die der Mensch im Lauf seiner kognitiven Entwicklung ausbildet und in denen sich Menschen auch unterscheiden. Außerdem ist der Reiter für die sprachliche Verarbeitung zuständig und damit Sprecher für den Menschen als Ganzes, also sowohl für den Reiter als auch für den Elefanten.

Für die Fortbewegung ist der Reiter allerdings wiederum auf den Elefanten angewiesen, dessen Kooperation sich nicht erzwingen lässt. Hier werden die Größenverhältnisse bedeutsam, die Haidt in seiner Metapher versinnbildlicht: Platons störrisches Pferd lässt sich vielleicht mit Sporen und Peitschenhieben mehr schlecht als recht auf den gewünschten Pfad prügeln, doch es wird darunter leiden und die Beziehung zum Wagenlenker ist gefährdet. Wenn ein widerwilliger Elefant mit Gewalt zu etwas gezwungen wird, das ihm nicht entspricht, können die Konsequenzen umso drastischer sein. Wenn der Elefant sich wehrt, kann der Reiter wenig gegen ihn ausrichten. Es ist also deutlich sinnvoller (und sicherer) für den Reiter, *mit* dem Elefanten zu arbeiten statt gegen ihn.

Der Reiter mag besondere Fähigkeiten haben, ist dem Elefanten aber zugleich in vielerlei Hinsicht unterlegen: Die Verarbeitung auf Reiterebene ist zwar nicht an feste Reizmuster gekoppelt und dadurch flexibler, dafür aber auch deutlich energieaufwändiger und langsamer. Evolutionär gesehen ist der Reiter viel jünger als der Elefant und unterscheidet den Menschen von Tieren, die keine Fähigkeit zum bewussten und abstrakten Verarbeiten haben. Reiterprozesse sind für uns evolutionär von Vorteil – es lohnt sich, über Dinge nachzudenken, statt einfach dem erstbesten Impuls zu folgen –, aber nicht unmittelbar für das Überleben entscheidend und im Zweifelsfall eher verzichtbar. Werden die Ressourcen im Organismus knapp, etwa durch Stress, Müdigkeit, Hunger, Ablenkung oder Überforderung, wird im Reservemodus in erster Linie der Elefant versorgt und der Reiter tut sich schwerer, überhaupt seine Aufgaben zu erfüllen, geschweige denn, den Elefanten von seinen Vorstellungen zu überzeugen. (So lässt sich metaphorisch das Phänomen der *ego depletion* erklären, auf das im Kapitel 10 näher eingegangen wird.)

Der Elefant bewegt sich am liebsten auf festen Wegen und tut das mit oder ohne das Mitwirken des Reiters, gegebenenfalls auch gegen dessen Willen. Wenn den beiden etwas über den Weg läuft, was dem Elefanten gefährlich vorkommt, weicht dieser ganz von selbst aus, ob der Reiter will oder nicht – oft sogar, bevor der Reiter überhaupt etwas von der Gefahr mitbekommen hat, geschweige denn sie benennen kann.

Der Elefant ist für die automatische Steuerung der Aufmerksamkeit und für das Aktivieren von Aktionspotenzialen zuständig. Noch während ein Reiz im sensorischen Zentrum überhaupt für die bewusste Wahrnehmung vorbereitet wird, wird oft anderswo im Gehirn und im gesamten Organismus bereits neuronal und hormonell eine gefühlsmäßige Bewertung oder eine Stressreaktion vorbereitet. Der Elefant steht also bereits in den Startlöchern, noch ehe der Reiter sich und ihm erklären kann, wo es hingeht und warum.

Werte, Grundbedürfnisse, Emotionen und Stärken sind auf der Ebene des Elefanten verankert. Versprachlicht werden sie durch den Reiter und für den konstruktiven Umgang damit sind beide gemeinsam zuständig. Es ist also für einen guten Umgang mit sich selbst sinnvoll, die beiden in eine gute Kommunikation miteinander zu bringen. Der Reiter kann noch so logische Überlegungen anstellen, Ziele formulieren oder vermeintliche Werte benennen – wenn der Elefant nicht damit einverstanden ist, werden die „Flausen" des Reiters nicht ins Erleben, in die Motivation und damit ins Handeln integriert. Für die metaphorische Fortbewegung ist schließlich der Elefant verantwortlich.

Umgekehrt profitiert der Elefant aber auch vom Weitblick des Reiters und ist außerdem sehr lernfähig. Viele Aufgaben, die zunächst der Reiter bewältigen muss, gehen mit Übung und Training ins Repertoire des Elefanten über. So können die meisten erwachsenen Menschen in abstrakten Zeichen automatisch Bedeutung sehen (Lesen), komplexe Gefährte bedienen (Auto fahren), beim Vibrieren eines flachen metallischen Quaders sofort neugierig werden und in Kommunikationsbereitschaft gehen (Telefonbenachrichtigungen erkennen) und so weiter. All das ist dem Menschen und seinem Elefanten nicht angeboren – der Elefant des Menschen ist aber im Vergleich zu anderen Lebewesen (einschließlich echter Elefanten) einzigartig gelehrig. So können menschliche Elefanten auch lernen, bei einem kleinen Ärgernis nicht sofort in Wutgeschrei auszubrechen und hinter dem Verhalten anderer Menschen prinzipiell positive Absichten und Bedürfnisse zu vermuten, optimistisch zu sein oder schöne und erfreuliche Kleinigkeiten im Alltag zu bemerken.

Kahneman betont in *Schnell und langsam denken* (2011), dass die Bezeichnungen *System 1* und *System 2*, die in Haidts Metapher dem Elefanten und dem Reiter entsprechen, ihrerseits vereinfachende Personifikationen darstellen und sich nicht etwa direkt auf die Struktur des Gehirns übertragen lassen. Die Neurophysiologie, die der automatischen und der kontrollierten Verarbeitung zugrunde liegt, ist zu komplex, um sie grob auf zwei Netzwerke oder Strukturen zu reduzieren. Zwar gibt es Hinweise auf Aktivierungen in unterschiedlichen Arealen bei unterschiedlichen Aktivitäten – tendenziell spielen sich Reiterprozesse in der äußeren Hirnrinde (insbesondere im präfrontalen Kortex) ab und Elefantenverarbeitung in den tieferen Hirnstrukturen (einschließlich des limbischen Systems) – doch weder

Kahneman noch Haidt würden den beiden je einen einzigen festen Wohnort zuweisen. Speziell der Elefant ist schließlich für eine Menge vielfältiger und komplexer Prozesse zuständig, die sehr unterschiedlich und oft unabhängig voneinander (und erst recht vom Reiter) vonstattengehen. Dass all diese Prozesse dem System 1 oder dem Elefanten zugeschrieben werden, ist sprachlich bloß eine Vereinfachung der Aussage, dass sie automatisch und weitgehend unbewusst ablaufen. Umgekehrt bedeutet eine Zuordnung zum System 2 oder Reiter, dass ein Prozess ressourcenintensiv ist und nur mit bewusster Steuerung funktioniert. Die Zuordnung ist also eine Charakterisierung verschiedener Funktionsweisen der Verarbeitung.

2.3 Indikation für die Arbeit mit dem Persönlichkeits-Panorama

Der Fokus im Persönlichkeits-Panorama liegt nicht auf situativen Problemstellungen, sondern auf der eigenen Persönlichkeit. Als Methode ist es eher nicht indiziert, wenn ein Coachee etwa mit dem Thema kommt, dass es im Team oder in der Familie in bestimmten Situationen immer wieder Konflikte gibt und er sich gerne anders verhalten möchte. Für solche umgrenzten situativen Problembeschreibungen gibt es geeignetere Coachingmethoden. Das Persönlichkeits-Panorama empfiehlt sich bei Fragestellungen des Coachees, die seine Person, sein Selbstbild und seine Rollen im Leben betreffen.

Das Panorama kann mit verschiedenen Fokusrichtungen eingesetzt werden.

Rollenklärung

Coachees suchen häufig Unterstützung in Phasen des Übergangs, und so lässt sich das Persönlichkeits-Panorama zum Beispiel für eine Rollenklärung einsetzen. „Wer bin ich eigentlich?" „Wer bin ich nicht mehr?" Einige Beispiele dafür wären …

- der Übergang von der Ausbildungs- oder Studienzeit in den Beruf
- der Wechsel aus dem aktiven Berufsleben in den Ruhestand
- eine neue Partnerschaft eingehen oder aus einer Beziehung herausgehen
- ein Kind bekommen und Eltern werden oder sich vom erwachsen werdenden Kind verabschieden
- einen neuen Lebensabschnitt beginnen
- eine berufliche Rolle dazunehmen, zum Beispiel als Führungsperson, als Coach, als Selbstständige
- …

Rollen-Balance

Eine zweite Möglichkeit für den Einsatz des Persönlichkeits-Panoramas ist die Balance verschiedener Rollen, Lebensbereiche und Persönlichkeitsanteile. Dabei kann es um klassische Fragen der „Work-Life-Balance“ gehen, aber oft geht es auch um eine „Selbst-Balance“, in der zentrale Rollen oder Facetten des Selbst in ein ausgewogenes und stimmiges Verhältnis kommen dürfen, sprich: keine überwiegt oder verweist andere Seiten in den Hintergrund.

Persönliche Inventur

Der dritte Fokus für den Einsatz des Persönlichkeits-Panoramas ist eine Bestandsaufnahme. „Wer bin ich eigentlich jetzt, zu diesem Zeitpunkt in meinem Leben?“ „Wer bin ich geworden?“ „Wer bin ich nicht mehr?“ Zwar braucht man für diese Inventur manchmal ein bisschen mehr Zeit, sie kann aber eine sehr gute Grundlage eines Coachingprozesses schaffen und gibt dem Coachee tiefen Einblick in das eigene Selbst. Das Ergebnis ist ein „Update des Selbstbilds“, verbunden mit einem Gefühl von innerem „Angekommen-“ oder „In-sich-zuhause-Sein“.

2.4 Wann setze ich das Persönlichkeits-Panorama im Coachingprozess ein?

Das Persönlichkeits-Panorama bietet den Nutzen, Coachingprozesse effizient zu führen und die Beratungsplanung gemeinsam und transparent zu gestalten und somit liegt es auf der Hand, dass du diese Methode am besten so früh wie möglich einsetzt.

Das Persönlichkeits-Panorama als Türöffner

Wie ich schon sagte, findest du als Coach mit dem Persönlichkeits-Panorama einen ganzheitlichen Zugang zu einem Menschen und lernst ihn in kurzer Zeit sehr gut kennen. Das nützt dir in der weiteren Begleitung des Coachees, und je früher du das Persönlichkeits-Panorama einsetzt, umso häufiger könnt ihr im Coachingprozess darauf Bezug nehmen. Ich empfehle deshalb den Einsatz so früh wie möglich, am besten nach dem Erstgespräch, in dem ihr die zentralen Anliegen bzw. Fragen des Coachees in den Blick genommen habt. Zum Start der Zusammenarbeit kannst du vorschlagen, erst einmal gemeinsam und ganzheitlich auf die Person und ihr Selbstbild zu schauen – wer sie ist, welche Ressourcen, Werte und Stärken sie unterstützen und beflügeln –, um damit die in der Auftragsklärung benannten Themen gut in den Blick zu nehmen.

Das Persönlichkeits-Panorama als Katalysator

Eine zweite Möglichkeit, das Persönlichkeits-Panorama im Coachingprozess anzuwenden, bietet sich immer dann an, wenn du als Coach den Eindruck hast, die Zusammenarbeit ist zwar grundsätzlich gut, hat aber weniger Intensität oder Tiefe als in zurückliegenden Phasen. Die Beziehung zum Coachee ist gut, das Coaching „läuft". Doch worum geht es eigentlich? Was ist der rote Faden? Wie kommt wieder mehr Tiefe oder Tempo in den Prozess? Erfahrene Coaches kennen dieses Gefühl, dass das Coaching „dümpelt". In solchen Fällen habe ich Klienten durchaus schon gefragt, ob sie weiterarbeiten möchten oder ob wir das Coaching vielleicht jetzt beenden wollen. Das kann die Motivation enorm verändern bzw. wieder wecken, doch es ist natürlich auch etwas direkt. Sanfter vom Vorgehen, von der Wirkung her aber vergleichbar, kann ein Persönlichkeits-Panorama als Zwischenbilanz sein. Damit kann der Coachee einerseits betrachten, was er im Coaching bereits erreicht hat und den gegenwärtigen Stand würdigen: „Wo komme ich her?" „Wo stehe ich jetzt?" Daraus lassen sich dann (Coaching-)Ziele mit Tiefe und Weitblick ableiten. In diesem Fall wirkt das Persönlichkeits-Panorama wie ein Katalysator.

Das Persönlichkeits-Panorama als Bilanz

Eine dritte – für beide Seiten sehr schöne – Möglichkeit ist die, mit dem Persönlichkeits-Panorama nach einer längeren Coachingreise Bilanz zu ziehen. So kann der Coachee auf den gegangenen Weg zurückblicken, die eigenen Fortschritte, Ergebnisse und Erkenntnisse würdigen und sie in das eigene Selbstbild integrieren. Der Coach kann auf diese Weise dem Abschlussgespräch einen professionellen und ganzheitlichen Rahmen geben. Für den Coachee bietet sich eine wunderbare Gelegenheit, das eigene Selbstbild aufgrund einer wahrgenommenen Diskrepanz nicht nur reaktiv anzupassen, sondern ganzheitlich darauf zu blicken, mit welchen (auch schmerzhaften und schwierigen) Themen er sich im Coaching auseinandergesetzt hat, wer er im Lauf dieser Reise geworden ist und mit welchem „Update" des Selbstbilds er nach dem Coaching seinen weiteren Weg gehen wird.

3. Methodische Grundlagen der Arbeit mit dem Persönlichkeits-Panorama

3.1 Coaching als Prozess auf Augenhöhe

Carl Rogers und Abraham Maslow, zentrale Vertreter der Humanistischen Psychologie, prägten bereits in den 1960er-Jahren den Begriff der **Selbstaktualisierung** für die natürliche Tendenz jedes Menschen, sich weiterzuentwickeln, zu wachsen und ein erfüllendes Leben zu führen. Dieser Weg ist nicht immer einfach und manchmal von „Wachstumsschmerzen" begleitet. Immer wieder stehen Menschen auch vor Barrieren, die ihre Entwicklung erschweren oder vielleicht sogar den Weg versperren. Solche Hindernisse zeigen sich in Form von Unsicherheiten, Zweifeln, Ängsten oder einschränkenden Überzeugungen. Im Lauf unseres Lebens entwickeln wir Kompetenzen, mit derartigen Barrieren umzugehen, und viele Hindernisse können wir dann auch tatsächlich selbst beiseite stellen, um sie herumgehen oder über sie klettern. Und wenn eine Barriere tatsächlich zu unüberwindbar erscheint, kann professionelle Unterstützung in Form von Coaching oder Psychotherapie helfen.

Wie unterscheiden sich diese beiden Formen der professionellen Begleitung? Coaching lässt sich von Psychotherapie dadurch abgrenzen, dass die Kund*innen keine Diagnosen psychischer Störungen tragen. Ein Coach begegnet seinem Klienten auf Augenhöhe und betrachtet ihn als handlungsfähigen Partner, der von einem Experten, nämlich dem Coach, Unterstützung bei der eigenverantwortlichen Lösung seiner Probleme und beim Erreichen seiner Ziele erhalten möchte. Klient*innen werden also nicht **behandelt**, sondern **beraten**. Deshalb werden sie auch nicht wie im medizinisch-therapeutischen Kontext als Patienten bezeichnet, sondern als Klientinnen und Klienten. Immer öfter wird auch der Begriff Coachee verwendet.

Ein Coach unterstützt Menschen dabei, ihre persönlichen Ziele zu klären, zu formulieren und zu erreichen. Coaching verstand sich deshalb über etliche Jahrzehnte als eine Methode für **Ziel-** und **Lösungsorientierung**. Auf der Basis der Positiven Psychologie können wir diese beiden Qualitäten jetzt um eine dritte Dimension ergänzen: **Coaching fördert Wachstumsorientierung**. Klient*innen in der Selbstaktualisierung zu unterstützen bedeutet, sie beim Wachsen zu begleiten. Und Wachstum umfasst eben mehr als „nur" das Erreichen von Zielen.

3.2 Positive Psychologie als Grundlage im Coaching

Positive Psychologie ist die Wissenschaft vom gelingenden und erfüllenden Leben und erforscht, was unser Leben lebenswert macht. Dazu gehören sowohl Stärken, die es zu erkennen und zu fördern gilt, als auch Schwächen bzw. Widrigkeiten, mit denen es konstruktiv umzugehen gilt. Im Englischen lässt sich das sehr prägnant formulieren: Positive Psychologie ist *the science of what goes right in life* – die Wissenschaft davon, was im Leben gut läuft. Sie befasst sich also auf wissenschaftlicher Grundlage mit dem, was uns stärkt und woran wir wachsen können – und damit ist sie eine ideale Grundlage für Coaching, sowohl im Hinblick auf Konzepte und Theorien als auch auf Interventionen und deren Umsetzung in einem Beratungsprozess.[5]

Psychische Belastungen haben in den letzten zwei Jahrzehnten stetig zugenommen, und seit der Corona-Pandemie hat sich diese Entwicklung noch verstärkt (WHO, 2013, 2022). Genauso wie Gesundheit aber mehr ist als die Abwesenheit von Krankheit, so genügt eine bloße Reduktion psychischer Symptome nicht, um Lebenszufriedenheit und Wohlbefinden sicherzustellen.

Die amerikanischen Psychologieprofessoren Martin Seligman und Ed Diener forderten bereits vor der Jahrtausendwende eine Neuausrichtung der psychologischen Forschung und Anwendung (Seligman 1998, Diener et al. 2009). Seligman selbst war durch seine Arbeiten zu den Hintergründen der Depression bekannt geworden („erlernte Hilflosigkeit"), die bis heute Grundlage psychotherapeutischer Behandlungen sind und auch ins Coaching in Form von konstruktiven Umbewertungen *(Reframing)* einfließen.

Wurzeln der Positiven Psychologie

Die klinische Psychologie konzentrierte sich nach dem Zweiten Weltkrieg in der Forschung (aus historischen und gesellschaftlichen Gründen) vor allem auf das Erkennen und Behandeln von seelischen Störungen. Sie wurde – vor allem in den USA – mehr und mehr als Teilbereich der Gesundheitsberufe betrachtet und übernahm das medizinische Krankheitsmodell. Martin Seligman charakterisierte dies als *victimology* („Opfer-Wissenschaft"), die eine „Reparatur" des Patienten in den Mittelpunkt stellt. Dieser Forschungsansatz, der vor allem auf psychische Krankheit fokussierte,

5 Da ich die Positive Psychologie und ihre Anwendung im Coaching an anderer Stelle bereits ausführlich beschrieben habe (Blickhan 2018, 2021), halte ich diesen Abschnitt hier eher kurz.
Und noch eine Anmerkung: Eine übliche Abkürzung für Positive Psychologie ist „PP". Dieselbe Abkürzung verwende ich aber auch für das Persönlichkeits-Panorama. **In diesem Buch steht „PP" immer für „Persönlichkeits-Panorama".**

führte zur Entwicklung definierter Konzepte psychischer Störungen und entsprechender evidenzbasierter, wirksamer Behandlungsmethoden.

Als Martin Seligman 1998 zum Präsidenten der American Psychological Association (APA, deutsch: amerikanische psychologische Gesellschaft) gewählt wurde, forderte er in seiner Antrittsrede, dass sich die Psychologie wieder auf ihr „Geburtsrecht“ besinnen und sich mit der Erforschung positiver Emotionen, Eigenschaften und organisationaler bzw. gesellschaftlicher Rahmenbedingungen befassen solle (Seligman 1998). Statt weiterhin vorwiegend auf Defizite und Krankheit zu blicken, sollten Psychologen sich nun wieder auf das fokussieren, was das Leben lebenswert mache und die Voraussetzungen für ein solches Leben schaffen. Seligman prägte damit die Positive Psychologie als neuen Forschungszweig der akademischen Psychologie, der das zentrales Ziel verfolgt, Wohlbefinden, Lebenszufriedenheit und psychische Leistungsfähigkeit zu erforschen und zu unterstützen.

Für viele Menschen, auch Fachleute, gilt Martin Seligman als Begründer bzw. „Vater der Positiven Psychologie“. Die Ursprünge dieses Ansatzes reichen aber viel weiter zurück.

- *Anfänge ihrer Forschungsfragen finden sich bereits bei den antiken Philosophen, zum Beispiel bei Aristoteles mit seinen Werken über Themen wie Glück, Sinnhaftigkeit und Tugend.*
- *Den Psychologen Abraham Maslow kann man als „Großvater der Positiven Psychologie“ bezeichnen, da er bereits im Jahr 1954 den Begriff prägte, als er das letzte Kapitel seines Buchs Motivation und Persönlichkeit mit den Worten „Towards a Positive Psychology“ überschrieb. Maslow forderte schon damals, die Psychologie müsse positiver und weniger negativ werden. Sie solle „keine Furcht haben vor den höheren Möglichkeiten der menschlichen Existenz“.*
- *Dem hätte auch Viktor Frankl zugestimmt, der zu einer ähnlichen Zeit bereits eine „Höhenpsychologie“ in Ergänzung zur damals vorherrschenden Tiefenpsychologie forderte.*
- *Carl Rogers, der Begründer der klientenzentrierten Gesprächsführung und -therapie, betonte stets, wie prinzipiell positiv und entwicklungsfähig jeder Mensch sei. Mit seinem Konzept der „fully functioning person“ nahm Rogers 50 Jahre vor der Begründung der empirischen Positiven Psychologie durch Seligman und seine Kollegen bereits Aufblühen (flourishing) als Kernkonzept der Positiven Psychologie vorweg. „Fully functioning“ beschreibt die volle psychische Leistungsfähigkeit – wobei „Leistung“ hier nicht „Arbeitsleistung“ bedeutet, sondern das ganzheitliche und persönlich sinnstiftende Nutzen des eigenen Potenzials (Rogers 1965).*

Weitere Grundlagen der Positiven Psychologie finden sich in folgenden Konzepten:

- *Lebenslange Entwicklung (Erik Erikson)*
- *Seelische Gesundheit (Marie Jahoda)*
- *Lebensqualität und Wohlbefinden (Ed Diener, Peter Becker, Beate Minsel) sowie*
- *Ressourcenorientierung (Klaus Grawe, Maja Storch).*

Die Positive Psychologie ist deshalb prädestiniert für eine Anwendung im Coaching. In den frühen 2000er-Jahren betrachtete Martin Seligman das durchaus noch kritisch und er rückte Coaching in die Nähe von Esoterik. Mittlerweile tritt er jedoch sehr aktiv und positiv für Coaching ein, weil es Menschen dabei hilft, neue Strategien zu lernen und sich zu entwickeln. Auf dem bisher größten deutschsprachigen Kongress zur Positiven Psychologie, der Ende 2023 in Wien stattfand, bezeichnete sich Martin Seligman im Rahmen seiner Keynote selbst als Coach.

Die Kernaussage der Positiven Psychologie

Eine der zentralen Forderungen der Positiven Psychologie lautet: Es genügt nicht, Menschen von „minus 5“ auf „Null“ zu verhelfen. Die Menschen müssen vielmehr dabei unterstützt werden, in den Bereich von „plus 5“ oder „plus 10“ zu kommen. Im Bereich oberhalb der Nulllinie ist „Flourishing“ möglich – eines der Kernkonzepte der Positiven Psychologie (Keyes 2002) und umfasst psychisches Wohlbefinden, Selbstwirksamkeit und Selbstaktualisierung, vergleichbar mit Carl Rogers' bereits erwähntem Konzept der *„fully functioning person“*.

Der Anspruch, Menschen zum Flourishing zu verhelfen, gilt unabhängig davon, ob sie eine psychische Diagnose tragen und damit eine klinische Zielgruppe sind oder ob sie einer nicht-klinischen Zielgruppe angehören und damit potenzielle Klient*innen für Coaches sind (Seligman 2012). Positive Psychologie richtet sich an alle Menschen, weil eine ihrer zentralen Grundannahmen davon ausgeht, dass jeder in sich das Potenzial zu einem erfüllenden, gelingenden Leben trägt. Das umfasst sowohl klinische als auch nicht-klinische Zielgruppen, Patienten und Klienten gleichermaßen[6]. Christopher Peterson sagte in diesem Zusammenhang: „Was das Leben lebenswert macht, das ist kein psychologischer Prozess. Es ist Arbeit, Liebe und Spiel (work, love and play; Peterson 2013).“[7]

---

6 Nachdem in hochentwickelten westlichen Ländern nur ein Bruchteil der Betroffenen auch tatsächlich professionelle Unterstützung durch Therapeut*innen erhält, wenden sie sich zunehmend häufiger auch an Coaches, um Unterstützung zu erhalten (WHO 2013).

7 Bereits Sigmund Freud beschrieb übrigens als Ziel der Psychoanalyse, „arbeitsfähig, liebesfähig und genussfähig“ zu werden.

Was Positive Psychologie nicht ist

Der Begriff einer „positiven Psychologie" impliziert nicht die Existenz einer „negativen Psychologie" oder wertet die bestehende Psychologie als „negativ" ab. Positive Psychologie wollte von Anfang an als notwendige und sinnvolle Ergänzung der klassischen Psychologie verstanden werden, mit dem Ziel, hoffentlich bald vollständig in die Psychologie integriert zu sein (Peterson 2006). Positive Psychologie ist eine Wissenschaft und damit mehr als eine „überarbeitete Version des positiven Denkens" (Peterson 2006).

Häufig wird kritisiert, die Positive Psychologie sorge für eine Überbetonung des Positiven, was dazu führe, dass negative Aspekte menschlichen Erlebens und Verhaltens ausgeblendet würden *(„toxic positivity")*. Von Beginn an aber betonen Seligman und Peterson bei der Beschreibung des neuen Forschungsgebiets, dass das Negative natürlich auch Gegenstand der Forschung und Anwendung sein müsse – nur eben nicht ausschließlich. Führende Weiterentwickler der Positiven Psychologie, wie z. B. Paul Wong (2011), integrierten explizit die negativen, belastenden, schmerzhaften Aspekte menschlicher Erfahrung und fordern seit mehr als einem Jahrzehnt ein umfassenderes Verständnis dafür, wie sich positive menschliche Entwicklung ganzheitlich fördern lässt: Um Wachstum angesichts von Leid und Trauma zu verstehen und zu unterstützen, sind andere bzw. zusätzliche Erklärungsansätze notwendig als bei rein positiven Ausgangsbedingungen.

Forschung im Feld des sogenannten *posttraumatischen Wachstums* zeigt, wie Menschen auch und gerade nach intensiven negativen Erfahrungen wachsen können. Posttraumatisches Wachstum kann als Erweiterung des Resilienzmodells verstanden werden, denn unter günstigen Bedingungen trägt es u. U. sogar zu stärkeren Entwicklungs- und Reifungsimpulsen bei als Resilienz, die zurückführt auf das psychische Leistungsniveau vor dem einschneidenden Lebensereignis.

3.3 NLP als ressourcenorientierter Ansatz

Kaum eine Coachingmethode polarisiert seit Jahrzehnten so stark wie das Neurolinguistische Programmieren, kurz NLP. Entwickelt im Kalifornien der 1970er-Jahre kam NLP in den 1980er-Jahren nach Deutschland und begann einen bemerkenswerten Aufstieg unter den Coachingmethoden.

NLP wurde, fern der Universität, in der Praxis entwickelt. In ihrer ersten Veröffentlichung mit dem Titel *A Structure of Magic. A Book About Language and Therapy* (Bandler & Grinder 1975) analysierten die Begründer des NLP, John Grinder und

Richard Bandler, wirksame Kommunikationsmuster von drei erfolgreichen Psychotherapeuten ihrer Zeit: Fritz Perls, Begründer der Gestalttherapie, Milton Erickson, Begründer der modernen Hypnotherapie, sowie die Familientherapeutin Virginia Satir. Ihr Ziel war es, Strategien, die Klient*innen bei Veränderungen unterstützen, unabhängig vom jeweiligen Hintergrund der Methode für andere Menschen lehr- und lernbar zu machen. NLP wollten sie als praxisbezogenen Ansatz in die Psychologie einführen, nicht als wissenschaftlich fundierte Methodik. Dieses pragmatische Vorgehen gewann Ende der 1970er-Jahre in Kalifornien rasch an Popularität, unter anderem auch durch die Unterstützung von Paul Watzlawick.

NLP bezieht sich nicht auf einzelne psychotherapeutische Schulen, sondern auf die Humanistische Psychologie im Sinne Maslows und Rogers und generell auf die Tradition des Human Potential Movement (Linder-Pelz 2010) und bleibt explizit atheoretisch: „NLP will keine Theorie sein. (…) Nicht die Wahrheit, sondern die Nützlichkeit stellt (…) den Maßstab für die Vorgehensweise im NLP dar" (Dilts et al. 1985, S. 12 und S. 18, zitiert nach Mohl 2000). Aber genau dieser atheoretische Ansatz erschwerte den Dialog mit der wissenschaftlichen Psychologie, und bis heute überwiegen anwendungsorientierte Bücher. Autor*innen, die NLP aus wissenschaftlicher Sicht betrachten und beschreiben, gibt es nur sehr wenige; eine davon ist Alexa Mohl (2000). Sie bietet verschiedene Möglichkeiten der Definition von NLP an:

- NLP ist eine **Kommunikationsmethode**, die dabei unterstützt, gute Beziehungen zu anderen Menschen aufzubauen. Weiterhin ist es eine Sammlung von Lernstrategien, um „unerwünschte Gefühlsreaktionen, unangemessene Verhaltensweisen und problematische Überzeugungen" (S. 7) zu verändern.
- Alternativ kann NLP als Oberbegriff verstanden werden, der die Vermittlung von Fähigkeiten in diesen beiden genannten Bereichen zusammenfasst. NLP wäre dann als **Kommunikationsmodell** zu definieren, einerseits für die „Kommunikation nach innen mit den Strukturen der eigenen Lebenspraxis" (S. 7) und andererseits für die Kommunikation nach außen, den gelingenden „Umgang mit den Strukturen und der Lebenspraxis von anderen Menschen" (S. 7).
- Eine dritte Möglichkeit, NLP zu beschreiben, ergibt sich aus der Erklärung der drei **Namensbestandteile** des NLP.

  NLP befasst sich mit den Zusammenhängen von körperlichen Vorgängen („Neuro"), Sprache („linguistisches") und inneren Verarbeitungsprozessen („Programmieren"). Unsere Gedanken und Gefühle werden in unserer Sprache sichtbar. Es besteht eine dauernde Wechselwirkung (…) zwischen dem, was wir erleben, denken, fühlen und der Art und Weise, wie wir handeln. Keiner dieser ‚Teile' existiert unabhängig von den anderen; alle sind eng miteinander vernetzt. Mit NLP kann man lernen, diese Zusammenhänge zu verstehen und zu nutzen (Blickhan 1995, S. 16).

- Mohls vierte Antwort lautet schließlich: **„NLP ist Modeling“** (2000, S. 8). Damit bezieht sie sich auf die Entwicklung des NLP: Bandler und Grinder analysierten die Kommunikationsmuster erfolgreicher Therapeuten, um diese für andere Anwender (Coaches und Therapeuten) lernbar zu machen. Dieser Prozess der systematischen Analyse und anschließenden Vermittlung wird im NLP Modeling genannt.

Diese unterschiedlichen Definitionen spiegeln den atheoretischen, eklektischen Ansatz des NLP wider, das im Anwendungsfeld von Training und Coaching von Anfang an große Resonanz fand. Von der wissenschaftlichen Psychologie wurde (und wird) NLP dagegen kritisch beurteilt. Nach meiner Erfahrung der letzten 30 Jahre lässt sich NLP aber tatsächlich gut mit modernen, wissenschaftlich fundierten Coachingmethoden verbinden – im Persönlichkeits-Panorama sehen wir das in der Praxis.

In das konkrete Vorgehen im Persönlichkeits-Panorama fließen zentrale Grundsätze aus dem NLP mit ein, die hier, in Anlehnung an Alexa Mohl (2000), vorgestellt werden:

- **Orientierung an Zielen:** NLP-Coaching fokussiert primär auf positiv formulierte Ziele. Annäherungsziele fördern Motivation und Selbstwirksamkeit (Ryan et al. 1996). Erst in einem weiteren Schritt werden bestehende Probleme bzw. mögliche Hindernisse auf dem Weg zum Ziel betrachtet. In der pragmatischen Sprache des NLP wird dieses Prinzip oft mit dem Satz „Ziele sind wichtiger als Probleme“ umschrieben.
- **Orientierung an Ressourcen:** Ressourcen „sind im NLP alles, was der Erreichung erwünschter Ziele dient. Ressourcen können äußerer oder innerer Natur sein“ (Ötsch et al. 1997, S. 168). Ressourcen aus der Vergangenheit werden in Form von Erinnerungen aktiviert; ebenso können Ressourcen aus der gegenwärtigen Erfahrung stammen oder, im Sinne motivierender Ziele, aus der Zukunft. Ressourcen werden als innere Bilder, Gedanken oder Gefühle repräsentiert (Ötsch et al. 1997). Sie motivieren und unterstützen bei Veränderung und Zielerreichung.
- **„Ökologische“ Sorgfalt:** Mit dem Begriff der Ökologie werden im NLP Auswirkungen von Veränderungen bezeichnet, sowohl positive als auch potenziell negative. Die Zielerreichung impliziert immer eine Veränderung der bestehenden Situation. Die äußere Ökologie prüft dabei, wie gut die angestrebte Veränderung in die eigene Lebensumwelt passt; die innere Ökologie, wie gut die Veränderung mit der eigenen Persönlichkeit und den eigenen Werten harmoniert (Blickhan 1995).
- **Wahlmöglichkeiten:** NLP-Coaching zielt darauf ab, das Verhaltensrepertoire des Klienten im Sinne größerer Wahlfreiheit bzw. Verhaltensflexibilität zu erweitern. Die Grundannahme „Jeder Mensch trifft die beste Wahl, die ihm momentan zur Verfügung steht“ findet sich bereits in der Gestalttherapie nach Perls, die das NLP ja ganz wesentlich beeinflusst hat.

Coaching auf Basis von NLP unterstützt Klient*innen dabei, ihren gegenwärtigen Zustand zu reflektieren, ein Ziel zu formulieren und Ressourcen zu aktivieren, um dieses Ziel zu erreichen. Dabei liegt ein starker Fokus auf der Verknüpfung der im Coaching erzielten Veränderungen mit dem Alltag des Coachees. Gollwitzer (1999) beschreibt die positiven Wirkungen sogenannter *Ausführungsintentionen;* im NLP wird dieses bewusste mentale Vorbereiten eines neuen Verhaltens *Future Pace* genannt (Mohl 2006). Als Abschluss jeder Coachingsitzung soll es die erreichten Veränderungen stabilisieren helfen und Transfer und Anwendung im Alltag erleichtern.

3.4 Systemische Perspektive

Das Persönlichkeits-Panorama ist eine systemische Methode. Klient*innen visualisieren ihre verschiedenen Rollen bzw. Facetten der eigenen Identität, ihre Werte, Stärken und Verhaltensweisen und legen sie im Raum aus. Man könnte von einer Aufstellung ihrer zentralen Persönlichkeitsanteile sprechen.

Wo genau ein bestimmtes Thema verortet wird, zeigt sich im Verlauf des Prozesses. Was liegt räumlich nah zusammen, was weit voneinander entfernt? Was stützt sich gegenseitig, was steht sich diametral gegenüber? Diese Prinzipien der systemischen Aufstellungsarbeit wurden bereits in den 1990er-Jahren von Robert Dilts, einem der einflussreichsten NLP-Trainer und -Entwickler, als „Psycho-Geografie" bezeichnet.

Mit diesen Zusammenhängen arbeiten wir konkret im Persönlichkeits-Panorama. Die Bedeutung einer individuellen Anordnung wird in Worte gefasst, wenn die Klientin in ihr Bild „hineingeht" oder von ihm Abstand nimmt. Die äußere Anordnung im Bild repräsentiert innere Zusammenhänge im Erleben und eine Veränderung einer Position um wenige Millimeter (Abstand) bzw. Grad (Ausrichtung) kann eine starke innere Veränderung auslösen.

Im Persönlichkeits-Panorama erscheinen verschiedene Facetten des eigenen Ichs, zentrale Werte und Stärken, in die sich ein Klient wiederum hineinversetzen kann. Für das körperliche Spüren von bestimmten Themen im Coaching prägte Maja Storch den Begriff *Embodiment* (2014, 2022). Im Persönlichkeits-Panorama nutzen wir diese direkte Verbindung von Sehen, Hineinspüren und Versprachlichen als Ausdrucksmöglichkeit für systemische Zusammenhänge. Verschiedene Persönlichkeitsanteile können in einen direkten Dialog gehen, Ressourcen werden greif- und erlebbar (mehr dazu in Kapitel 4.6).

3.5 Modelle für die Arbeit mit dem Persönlichkeits-Panorama

Bevor wir uns im nächsten Kapitel die Methode in der Anwendung anschauen, werde ich dir einige Modelle für das Verständnis der Persönlichkeit anbieten, die ich im Lauf der Jahre im Coaching als hilfreich erlebt habe. Vielleicht möchtest du manche davon deinen Klient*innen explizit im Sinne der Psychoedukation an geeigneter Stelle im Coaching anbieten; vielleicht nutzt du sie auch nur als Grundlage deiner Prozesssteuerung.

3.5.1 *Grundlegende psychische Funktionen: Reize wahrnehmen, verarbeiten, handeln*

Wahrnehmung und Selektion

Aus unserer Umwelt strömt stetig eine Vielzahl an Reizen auf uns ein. Ein kleiner Teil davon gelangt in unser Bewusstsein, doch den weitaus größeren Teil nehmen wir nicht bewusst wahr. Aus dem großen Angebot an Reizen filtert unser Gehirn einen Teil heraus, blitzschnell, automatisch und außerhalb unserer kognitiven Kontrolle. Die Filterung ist notwendig, damit wir von der Masse der ständig auf uns einstürmenden Reize nicht überwältigt werden. Salopp gesagt dienen als Filterkriterien diese Fragen: Ist dieser Reiz gefährlich? Ist er neu und deshalb spannend? Oder ist er bekannt und wir können eine (energiesparende) Reaktion abrufen? Berührt der Reiz eines unserer Grundbedürfnisse, zum Beispiel Sicherheit, Autonomie, Wirksamkeit oder Verbundenheit?

Nur selten achten wir darauf, wie unsere Umgebung riecht, doch sobald ein brenzliger Geruch auftritt, der Gefahr signalisiert, kommt er sofort in den Vordergrund unserer Aufmerksamkeit. Dasselbe geschieht auch bei einem angenehmen Geruch, doch wenn konkurrierende, unangenehme oder bedrohliche Reize präsent sind, überlagern diese den positiven Reiz, und wir nehmen ihn nicht mehr bewusst wahr.

Wir können die Reizfilterung auch gezielt steuern, zum Beispiel wenn wir nach etwas suchen oder uns auf eine bestimmte Sache konzentrieren. Dann übernimmt unser „langsames Denken“ die Steuerung (System 2 nach Kahnemann, zuvor als „Reiter“ bezeichnet). Das „schnelle Denken“ (System 1 bzw. der „Elefant“) ist aber weitaus leistungsfähiger und ausdauernder und wird über kurz oder lang wieder ans Ruder kommen – spätestens dann, wenn System 2 erschöpft ist.

Selektive Aufmerksamkeit: Wonach filtert unser Gehirn ankommende Reize?

- Bekanntheit: Was wir kennen, können wir energiesparender verarbeiten, denn wir haben damit bereits Erfahrungen gesammelt. Neues muss aufwendiger behandelt werden.
- Bedeutsamkeit: Was wichtig ist, bekommt Vorrang.
- Emotionale Valenz: Die emotionale Färbung eines Reizes steht entwicklungsgeschichtlich im Zusammenhang mit überlebensrelevanten Reizen. Unangenehme Gefühle signalisierten Bedrohung; ihre Wahrnehmung wurde priorisiert. In der Psychologie hat sich dafür der Ausdruck „*bad is stronger than good*" eingebürgert: Unangenehmes erhält in der Wahrnehmung den Vorrang.

Was in unserem Gehirn ankommt, wird also zunächst nach Bekanntheit, Bedeutsamkeit und emotionaler Valenz gefiltert. Dabei wird selektiert: Unwichtiges wird ausgeblendet und dann erst werden die Reize, die sozusagen „übrigbleiben", verarbeitet.

Verarbeitung

Eine Reaktion, sei es Handeln, Nicht-Handeln oder Sprechen, lässt sich besser nachvollziehen, wenn die vorgeschaltete innere Verarbeitung miteinbezogen wird.

Ein Beispiel für einen körperlichen Verarbeitungsprozess ist unsere Atmung: Wir atmen ein, die Lunge resorbiert den Sauerstoff und die Restluft atmen wir wieder aus. Analog funktioniert die Verarbeitung von Reizen bzw. Informationen: Wir nehmen Informationen über unsere Sinne auf, verarbeiten sie emotional, kognitiv und motivational und reagieren darauf mit gezieltem oder unwillkürlichem Handeln, mit Sprache oder Schweigen oder mit unserem Körperausdruck über Mimik, Gestik und Körperspannung.

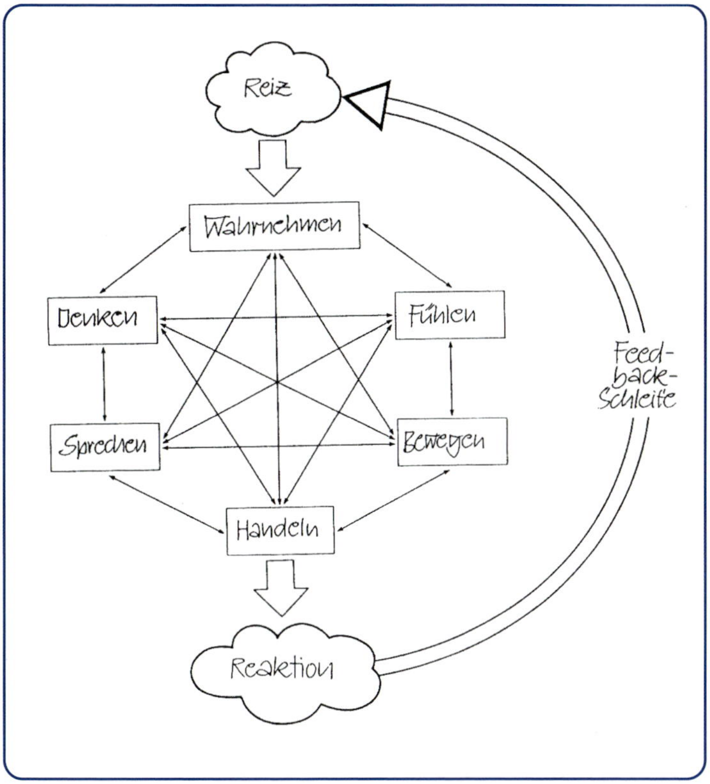

Abbildung 3.1: Reizverarbeitung

Wie stehen nun Reizwahrnehmung, -verarbeitung und Reaktion im Zusammenhang?

- Unsere **Wahrnehmung** wird beeinflusst von unseren **Gefühlen** – wer hungrig ist, sieht zum Beispiel mehr Essbares in der Umgebung – und unseren **Gedanken**: „Dort kann mein Schlüssel nicht sein, denn da habe ich ihn bestimmt nicht hingelegt", sagt sich der Suchende und übersieht den Schlüssel, obwohl er tatsächlich genau dort liegt.
- Die verschiedenen Ebenen der Verarbeitung stehen in **Wechselwirkung**: Gedanken werden von Gefühlen begleitet und Gefühle wirken auf das Denken. Sie können kognitive Prozesse beflügeln (Beispiele dafür wären Vorfreude, Interesse, Begeisterung), aber auch hemmen, zum Beispiel bei Stress und Angst.

- Die Verarbeitung wiederum beeinflusst unsere **Reaktion**, sei sie gezielt (Handeln, Sprache) oder unwillkürlich (Körperausdruck, Mimik, Gestik). Die Wechselwirkung von Verarbeitung und Reaktion funktioniert in beide Richtungen. Die Körperhaltung wirkt auf Gefühle zurück, und wer aufrecht und entspannt an eine Sache herangeht, fühlt sich emotional anders als jemand, der buchstäblich den Kopf einzieht und die Luft anhält.

3.5.2 Ebenen-Modell der Persönlichkeit

Im Persönlichkeits-Panorama nutzen wir die „psycho-logischen Ebenen" der Persönlichkeit von Robert Dilts (1991). Dieses Modell bietet eine anschauliche, leicht verständliche und vermittelbare Grundlage dafür, das Konstrukt „Persönlichkeit" im Coaching zu fassen. Wir können damit Zusammenhänge und Wechselwirkung zwischen Person, Werten, Kompetenzen und Verhalten beschreiben und Veränderungsprozesse unterstützen.

Dilts unterscheidet mehrere „psycho-logische Ebenen" der Persönlichkeit und benutzt zur Veranschaulichung das Bild einer Pyramide, die symbolisch für eine Person bzw. Persönlichkeit steht.

Wie logisch sind die psycho-logischen Ebenen nach Dilts?

Kritiker des Modells der „psycho-logischen Ebenen" bemängeln, dass die als „logisch" bezeichneten Ebenen nicht den Gesetzen der formalen Logik entsprechen. Das tun sie in der Tat nicht, und dafür hat Robert Dilts das Modell auch nicht entwickelt. Es ist eine hilfreiche Veranschaulichung, eine Analogie, kein formal logisches Modell. Für die Arbeit mit dem Persönlichkeits-Panorama ist es eine sehr nützliche Strukturierungshilfe, um die „Mosaiksteine" zu finden und zu einem Bild zu entwickeln. Und wie im Coaching geht es auch hier weniger um die Frage, was „richtig" ist, sondern vielmehr darum, was „hilfreich" ist, um zum erwünschten Ergebnis zu kommen. Wenn das Ziel ist, die eigene Persönlichkeit und das Selbstbild greifbar, sichtbar und verstehbar zu machen, dann hilft dieses Modell der Ebenen auf jeden Fall.

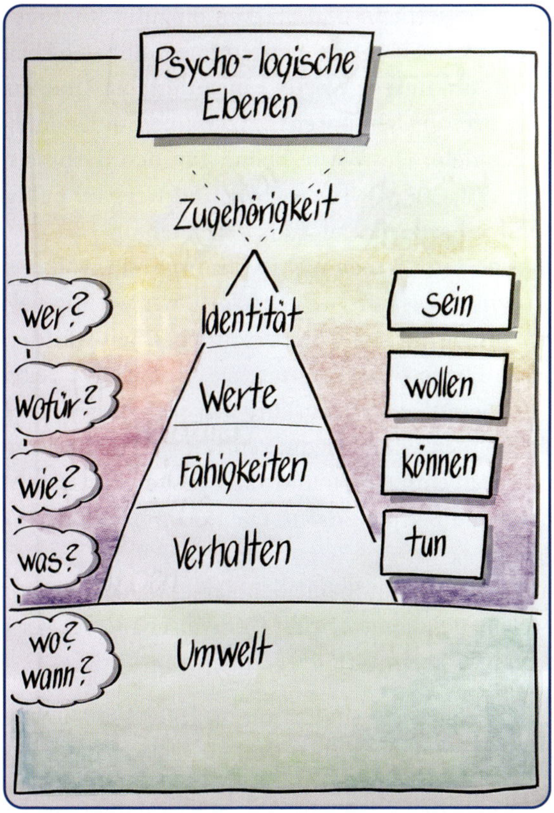

Abbildung 3.2: Psycho-logische Ebenen nach Robert Dilts

- Unsere **Umwelt** ist quasi der Boden, auf dem die Pyramide unserer Persönlichkeit steht. Sie umfasst alle Reize, die uns umgeben, andere Menschen, äußere Gegebenheiten und den situativen Kontext.
- Unser **Verhalten** bildet die Kontaktfläche zur Umwelt: Denken, gezieltes und spontanes Handeln, Sprache und Ausdrucksverhalten wie Mimik, Gestik, Körperhaltung, Körperspannung oder Atemfrequenz. Auch die Wahrnehmung gehört auf diese Ebene, denn Wahrnehmen ist ein aktiver Prozess: hinschauen, hinhören, empfinden.
- Über dem Verhalten sind unsere **Fähigkeiten, Stärken, Kompetenzen und Skills** angesiedelt. Sie ermöglichen und steuern unser Verhalten. Diese Ebene umfasst kognitive, emotionale und verhaltensbezogene Kompetenzen: Denken, Fühlen und Handlungsfähigkeit. Hier fließen auch unsere persönlichen Erfahrungen ein, Fähigkeiten, die wir uns angeeignet haben, Wissen, das wir erworben haben, emotionale und intellektuelle Kompetenz.

- Um Fähigkeiten zu entwickeln und Stärken einzusetzen, braucht es aber Motivation, und diese findet sich auf der nächsthöheren Ebene. Hier geht es um alles, was uns wichtig ist, um unsere **Werte, Einstellungen, Überzeugungen, Motive und Ziele**. Motive beeinflussen unser Denken und Fühlen und wirken als Triebkraft für unser Handeln. Die Werte-Ebene gibt den darunterliegenden Ebenen die Richtung: Für das, was wir für wichtig und wertvoll halten, entwickeln wir Kompetenzen und wir setzen es auch als Verhalten um.
- Werte, die zu uns passen, erleben wir als stimmig, sinnvoll und wichtig. Welche Überzeugungen wir entwickeln, welche Werte wir wichtig nehmen, steht in direktem Zusammenhang mit unserem persönlichen **Selbstbild**. Das finden wir auf der nächsthöheren Ebene – Dilts nannte sie **„Identität"**. Selbstbild, Selbstwert, Selbstkonzept und Selbstbewusstsein sind hier verortet.
  Unsere Identität können wir über die zentralen Rollen beschreiben, die wir in unserer Lebensumwelt einnehmen und aktiv gestalten: Vater / Mutter, Freund*in, Partner*in, Coach sind Beispiele dafür. Die Rollen bilden quasi die Spitze der Pyramide.
- Eine weitere Ebene über der individuellen Persönlichkeit benennt Dilts als **Zugehörigkeit**. Zu welchem System, welcher Gemeinschaft, welcher Familie (im wörtlichen oder übertragenen Sinn) fühle ich mich zugehörig?

In der Arbeit mit dem Persönlichkeits-Panorama interessiert uns besonders die Ebene der Identität, denn hier finden wir die **Rollen** als Facetten des Selbstbilds.

Unser Selbst-Bewusstsein, das Wissen um die Individualität und Einzigartigkeit unserer Persönlichkeit, lässt sich der Ebene der Identität zuordnen. Die Identität beinhaltet verschiedene Facetten, die wir als Rollen bezeichnen können. Manche Rollen sind identitätsfüllender und -bestimmender als andere.

Je nachdem, welche Rolle eine Klientin gerade im Vordergrund erlebt – sei es die der Partnerin, Mutter, Geschäftsfrau oder Tochter der eigenen Eltern – wird Einfluss darauf haben, wie sie eine Situation jeweils erlebt und wie sie darauf reagiert. Nehmen wir als Beispiel eine Forderung eines anderen Menschen, die die Klientin zwar erfüllen könnte, doch nur mit beträchtlichem Aufwand. Wie würde sie jeweils reagieren?
- Als erfahrene Geschäftsfrau wird sie höflich und bestimmt Grenzen setzen.
- Als Mutter mag sie Rücksicht auf die Gefühle der anderen Person nehmen.
- Als Partnerin ist ihr vielleicht wichtig, vor einer Zusage den Rat ihres Partners oder ihrer Partnerin dazu einzuholen.
- Als Tochter fühlt sie sich vielleicht an die Familienregel aus ihrer Herkunftsfamilie erinnert, dass Neinsagen unhöflich ist.

Der Begriff „Rolle" soll nicht implizieren, dass jemand „eine Rolle spielt". Ich orientiere mich hier vielmehr am Rollenbegriff aus der Soziologie. Demnach ist eine Rolle eine kontextspezifische Facette der Persönlichkeit. Interessant sind in diesem Zusammenhang die Begriffe der **Rollenerwartung** und **Rollengestaltung**. Wer eine Rolle übernimmt, nimmt damit einerseits die dazugehörigen Rollen**erwartungen** an. Andererseits bringt er in die Rolle auch seine individuelle Eigenart ein; das ist die eigene, aktive Rollen**gestaltung**.

Diese mehrdimensionale Betrachtungsweise der Identität als Zusammenspiel verschiedener Rollen kann unser Verständnis der Persönlichkeit erleichtern und erweitern. Wenn wir das Persönlichkeitsmodell als Kegel räumlich darstellen, können wir jede Rolle sozusagen als „Tortenstück" beschreiben, das in voller Höhe aus diesem Kegel herausgelöst wird. Scheinbar widersprüchliche Verhaltensweisen werden leichter erklärbar, wenn wir unterschiedliche Rollen einbeziehen. Und der Einfluss einer Rolle auf die darunterliegenden Ebenen der Werte, Fähigkeiten und schließlich des Verhaltens kann manche Problematik in neuem Licht erscheinen lassen.

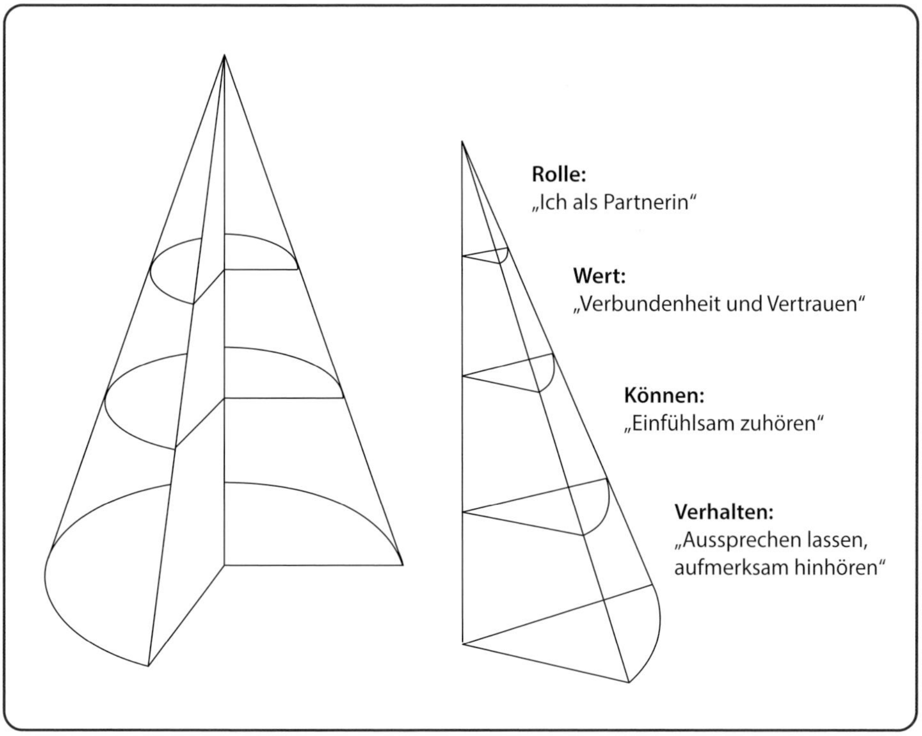

Abbildung 3.3: Die Rollen als „Kegelsegment"

Um die Verbindung zwischen den beiden Modellen (Ebenen der Persönlichkeit und Grundfunktionen Wahrnehmung, Verarbeitung und Reaktion) bildlich zu beschreiben, können wir uns vorstellen, dass die Prozesse mit ihren Wechselwirkungen den Boden der Pyramide darstellen. Sie bilden die Kontaktfläche zwischen unserem Verhalten und der Umwelt.

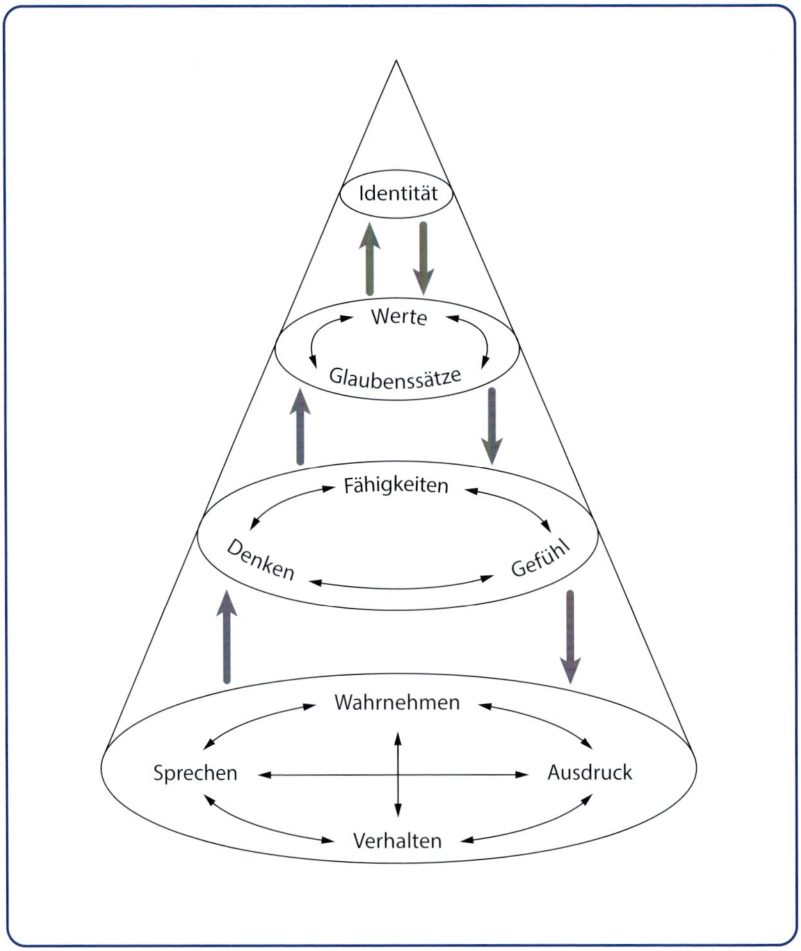

Abbildung 3.4: Wechselwirkungen innerhalb der Ebenen der Persönlichkeit, schematisch dargestellt

3.5.3 Das Teilemodell der Persönlichkeit

Seit Virginia Satir („Parts Party") und Fritz Perls (Stühledialog in der Gestalttherapie) ist das Teilemodell der Persönlichkeit in der Psychotherapie weit verbreitet und wird auch im Coaching häufig genutzt („inneres Team"). Für die meisten Klient*innen ist die Vorstellung eines solchen inneren Teams unmittelbar nachvollziehbar und sie spiegelt sich auch in alltäglichen Redewendungen: Wir sprechen von „zwei Seelen in unserer Brust" oder man ist „mit sich uneins", fühlt sich „gespalten" oder „zerrissen".

Probleme können signalisieren, dass verschiedene innere Anteile im Ungleichgewicht oder im Konflikt sind. Gehen wir von der Annahme des Teilemodells aus, dass verschiedene Anteile unserer Persönlichkeit für Verhaltensweisen „zuständig" sind, können wir auch leichter erklären, warum sich Veränderung oft so schwer anfühlt und wir unerwünschtes Verhalten partout nicht in den Griff bekommen, obwohl wir das doch wollen. Der innere Anteil, der für das störende Verhalten zuständig ist, fühlt sich nämlich durch den Veränderungsimpuls in seiner Existenz bedroht und wehrt sich erst einmal dagegen, denn wer will schon gerne abgeschafft werden?

Immer wieder faszinierend ist, wie leicht es Coachees gelingt, mit verschiedenen Persönlichkeitsanteilen Kontakt aufzunehmen, sich mit einem von ihnen zu identifizieren und aus dieser Perspektive mit anderen Teilen zu sprechen. Hilfreich ist, den inneren Anteil konstruktiv und freundlich anzusprechen, und ihm eine „gute Absicht" zu unterstellen, also die Annahme, dass sein Verhalten, auch wenn es jetzt als störend erlebt wird, irgendwann einmal die beste Möglichkeit darstellte, um eine positive, also subjektiv sinnvolle Absicht sicherzustellen.

Ein Schlüssel zur Veränderung liegt darin, bisherige Lösungsversuche aller Persönlichkeitsanteile akzeptieren und schätzen zu lernen. Dann kann eine konstruktive Zusammenarbeit mit diesen Teilen gelingen, die Veränderung ermöglicht. Und falls sich herausstellt, dass der neue Weg doch nicht leichter oder schöner ans Ziel führt, bleibt immer noch die Möglichkeit, den alten Weg weiter zu nutzen. Auch das bedeutet Entwicklung: Wahlmöglichkeiten schaffen und dann entscheiden, was wir wählen – im Einklang mit allen Aspekten unserer Persönlichkeit.

4. Persönlichkeits-Panorama: Die Methode

Wenn wir im Coaching mit der Methode arbeiten, entsteht Schritt für Schritt ein individuelles, facettenreiches, buntes „Panorama der eigenen Persönlichkeit". So könnte man diesen Prozess charakterisieren, in dem sich Antworten auf die Fragen finden lassen, die bereits in den vorhergehenden Kapiteln eine Rolle spielten und die ich hier noch einmal zusammenfassen möchte:

- „Wer bin ich?" „Welche Rollen gehören zu mir?" „Welche Facetten machen mich aus?"
- „Was ist mir wichtig?" „Welche Werte tragen mich?" „Welche Stärken und Fähigkeiten geben mir Kraft?"
- „Was möchte ich ändern bzw. angehen?" „Wo liegen derzeit Probleme?" „Wo gibt es Handlungsbedarf?"
- „Was stärkt mich?" „Was trägt mich durch die nächste Phase meines Lebens?" „Worauf kann ich mich verlassen?"

Im Panorama zeigen sich problematische Themen oder Themenbereiche und können direkt dort bearbeitet werden. Ebenso werden Zusammenhänge zwischen Problemthemen und Ressourcen sichtbar und greifbar. Daraus entstehen Erkenntnisse und Einsichten, die über das Panorama in das eigene Selbstbild integriert werden können. Das unterstützt Klient*innen im Prozess der Selbstaktualisierung im Sinne eines „Werde, wer du bist".

4.1 Das Persönlichkeits-Panorama im Überblick

Das Vorgehen im Persönlichkeits-Panorama lässt sich in fünf Phasen einteilen: Einen Arbeitsrahmen schaffen, Information zum Selbstbild sammeln, das erste Bild legen, dieses Bild bearbeiten und schließlich das Ergebnis formulieren.

- Ein transparenter und klar kommunizierter **Rahmen** für die gemeinsame Arbeit gibt dem Coachee Orientierung und Sicherheit, um sich auf den Prozess einzulassen. Du gibst deinen Klient*innen deshalb zunächst Informationen darüber, worum es in dieser Arbeit geht und wie sie ablaufen wird.

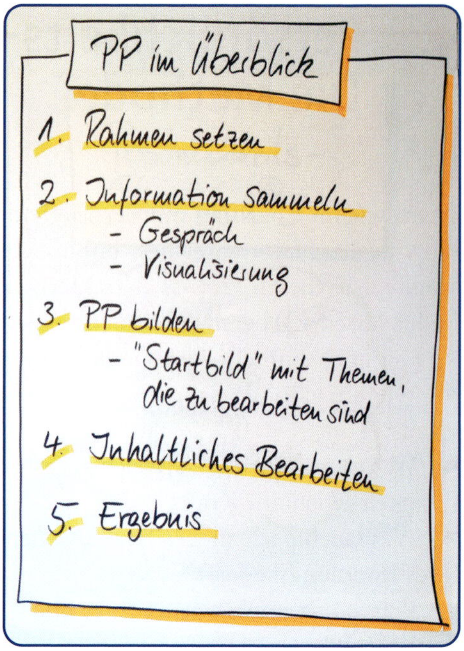

- In der **Informationssammlung** tragt ihr gemeinsam das Rohmaterial zusammen – die Mosaiksteine, aus denen dann das Panorama entsteht. Dazu führst du mit dem Coachee ein ausführliches Gespräch. Psychologen würden es als „halb-strukturiertes Interview“ bezeichnen. Du orientierst dich an Leitfragen, genauer gesagt an offenen Fragen über die verschiedenen „psycho-logischen Ebenen“ nach Dilts und nutzt zusätzlich Aktives Zuhören, um den Gesprächsfluss zu unterstützen. Du schreibst eine ganze Menge mit, denn aus diesem Gespräch (und deinen Notizen dazu) entstehen später die „Mosaiksteine“.
- Beim **Sortieren** entwickelt jeder Coachee sein individuelles, unverwechselbares erstes Bild. Er legt dazu seine Mosaiksteine in eine subjektiv stimmige Ordnung. Hochinteressant ist dabei, dass kein Coachee vorher wissen kann, wie am Ende sein Schlussbild aussehen wird. Manche Menschen gehen mit einer relativ klaren Vorstellung an ihr Startbild heran – und gerade diese Personen kommen am Ende mit einem ganz anderen Bild aus der Arbeit heraus. Sie sind höchst überrascht über den Prozess, den sie – entgegen ihrer vorherigen Erwartung – aber als persönlich stimmig erleben. Spannend!
- In der Phase des **Bearbeitens** könnt ihr problematische Themen, Konflikte und „Fragezeichen“ im Selbstbild betrachten, und ebenso Ressourcen, Stärken und Kraftquellen. Wie du als Coach den Prozess vom **Startbild** zum **Schlussbild** führst, dazu gebe ich dir im weiteren Verlauf des Buchs Prozesshinweise.
- Zum Abschluss formuliert die Klientin ihre **Ergebnisse und Erkenntnisse** aus dem Prozess. Das beinhaltet immer ein „Update“ ihres Selbstbilds, tiefgreifende Einsichten und oft auch eine Versöhnung mit inneren Anteilen oder Rollen. Meist formuliert sie noch konkrete Ziele für die weitere Zukunft im Sinne ihrer persönlichen Weiterentwicklung und Selbstaktualisierung.

4.2 Phase 1: Den Arbeitsrahmen schaffen – die Klientin in die Methode einführen

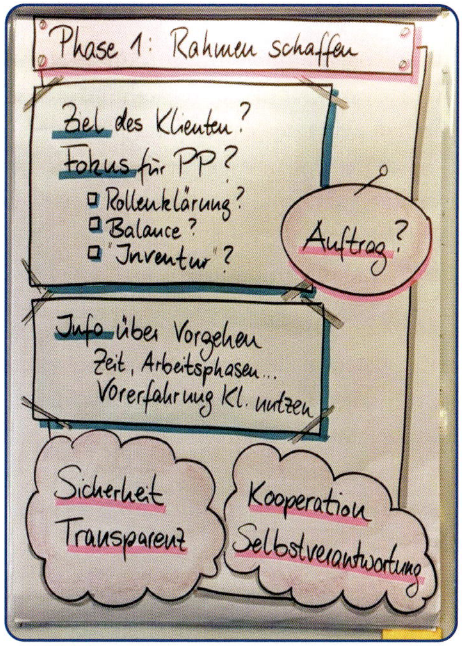

Coaching ist ein Prozess auf Augenhöhe, und diese erreicht man durch Information und Transparenz. Gerade für ein so umfangreiches Vorgehen wie das Persönlichkeits-Panorama ist es ganz wichtig, zu Beginn den Rahmen[9] der gemeinsamen Arbeit abzustecken.

Im **Vorgespräch** hast du bereits die Indikation für das Persönlichkeits-Panorama geklärt und der Klientin angeboten, dass sie in der nächsten Sitzung umfassend und strukturiert ihr Selbstbild betrachten kann, um zu sehen, welche Facetten darin aktuell sind und welche ein „Update" vertragen könnten. Sie wird im Verlauf eurer gemeinsamen Arbeit ihre Rollen betrachten, die sie als Person ausmachen, ihre Stärken und Werte in den Blick nehmen und auch ihr Verhalten in den verschiedenen Umwelten, in denen sie sich bewegt. Das wird euch vermutlich nicht nur eine, sondern mehrere Sitzungen lang beschäftigen, und am Ende stehen für sie ein neues, tieferes Verständnis der eigenen Persönlichkeit mit ihren Ressourcen und Kraftquellen und ebenso Lösungsansätze für einige ihrer Problemthemen.

Zu Beginn der ersten **Panorama-Sitzung** klärst du das Ziel, das diese Arbeit haben soll. Den Coachingauftrag hast du bereits im Vorgespräch geklärt, und auf dieser Grundlage konkretisiert ihr nun den Fokus für das Panorama. Geht es um die Klärung einer oder mehrerer Rollen? Möchte die Klientin eine Balance zwischen verschiedenen Persönlichkeitsanteilen herstellen? Oder interessiert sie eine „Inventur" ihrer Persönlichkeit? (Vgl. Kapitel 2.3 zu den Indikationen für die Arbeit mit dem Persönlichkeits-Panorama.)

9 „Ein Gramm Framing erspart ein Kilogramm Reframing." Diese Aussage begleitet mich seit den Anfängen meiner NLP-Ausbildung.

Nachdem ihr den Fokus für das Persönlichkeits-Panorama gemeinsam geklärt habt, ist es Zeit für einen allgemeinen Rahmen, der euer Vorgehen im Prozess charakterisiert. Wie werdet ihr miteinander arbeiten? Welche Phasen kommen dabei vor? Worauf kann sich die Klientin einstellen?

Ein solcher Rahmen hilft ihr, mit dem Ablauf und den Zielen der jeweiligen Phasen im Prozess vertraut zu werden und sich darauf einstellen zu können. Ein solcher Sicherheit gebender Arbeitsrahmen unterstützt die Klientin auch darin, Themen und Inhalte ins Bewusstsein zu holen, die bisher eher im Hintergrund geblieben sind. Der Rahmen ermöglicht Transparenz und fördert damit die Selbstverantwortung. Weil der Coachee weiß, wo die „Reise" hingehen soll, wie der nächste Wegabschnitt aussieht und wohin dieser führt, entsteht Augenhöhe im Coachingprozess.

Ganz am Anfang ist es nicht notwendig – und auch nicht empfehlenswert –, bereits alle fünf Phasen des Prozesses vorzustellen. Genauso wie bei einer Bergtour konzentriert ihr euch erst einmal auf den Weg bis zum nächsten Rastplatz und den Ausblick auf den danach folgenden Wegabschnitt. Beim Rahmensetzen geht es also erst einmal um das generelle Vorgehen in der heutigen Sitzung und dann um das Gespräch zur Informationssammlung und den Ausblick aufs Sammeln der Mosaiksteine (Phase 1 und 2).

Die Ausführlichkeit des Framings ist natürlich abhängig von der Vorerfahrung deiner Klientin. Wenn Coaching für sie noch neu ist, braucht es deutlich mehr Information über das Setting, Coaching als Gesprächsform, möglicherweise ungewöhnlich erscheinende Fragen, die Arbeit mit Bodenankern usw., als das bei einer Klientin der Fall wäre, die bereits vertraut ist mit der Arbeitsweise eines Coaches.

Eine Einführung in die Methode des Persönlichkeits-Panoramas für eher „coaching-unerfahrene" Klient*innen könnte so lauten:

Heute wirst du in kurzer Zeit viel über dich selbst erfahren können. Dabei hilft dir ein „Mosaik", das du entwickeln kannst. Wir werden gemeinsam verschiedene Aspekte deiner Persönlichkeit sammeln und du kannst diese dann zu einem Ganzen zusammenfügen. Mit dem Bild, das so entsteht, kannst du dich wahrscheinlich ein Stück neu kennenlernen. Du wirst neue Zusammenhänge sehen, wichtige Themen erkennen und dich selbst, deine Persönlichkeit neu verstehen lernen.

Spannend ist bei einem Mosaik, dass es aus unterschiedlichen Blickwinkeln völlig anders aussehen kann. Stehen wir direkt davor, sehen wir die einzelnen Mosaiksteine mit ihren Ecken, Kanten und ihrer Oberfläche. Wir sehen Details. Und sobald wir ein Stück zurücktreten, verändert sich unsere Wahrnehmung: Wir sehen plötzlich das ganze Bild und nicht mehr die einzelnen Steine.

Und genauso werden wir gemeinsam vorgehen: Wir sammeln zunächst Mosaiksteine, betrachten sie und dann wird daraus ein Bild entstehen, das für dich eine ganz eigene Bedeutung bekommen wird. Du musst jetzt übrigens noch gar nicht wissen, wie das Bild später aussehen wird. Erstmal sammeln wir nämlich die Mosaiksteine.“

4.3 Phase 2a: Mosaiksteine sammeln – Gespräch führen

In dieser zweiten Phase tragt ihr gemeinsam das Material für das Persönlichkeits-Panorama zusammen. Du stellst dazu der Klientin gezielte Fragen nach verschiedenen Aspekten ihrer Persönlichkeit, nach ihrem Selbstbild und auch nach dem Fremdbild. Die Klientin erzählt und du unterstützt sie durch wertschätzendes, aktives Zuhören.

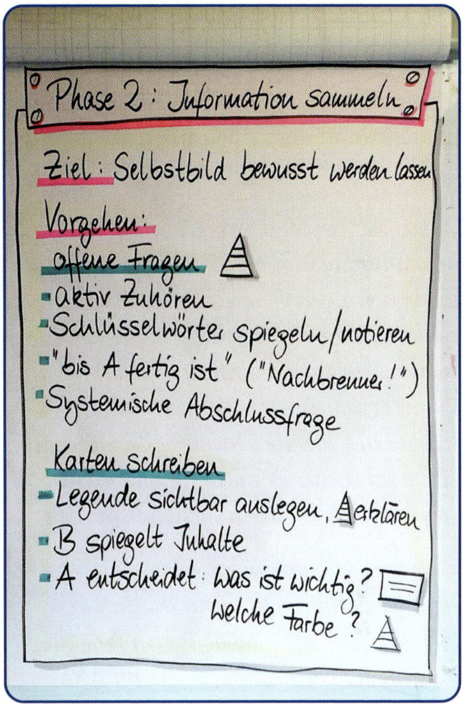

Du bist in dieser Phase sozusagen als „Protokollantin“ dabei und schreibst Schlüsselwörter und Zitate kurzer Sätze mit, während deine Klientin erzählt. Schlüsselwörter sind Worte mit persönlicher Bedeutung. Sie werden betont, tauchen im Gespräch öfter auf und sind vielleicht auch individuell formuliert – in der „Eigensprache“ der Klientin.

Wie schreibst du mit?

Viele Coaches haben sich angewöhnt, in einer Sitzung wenig oder nur stichpunktartig mitzuschreiben, um mit der Aufmerksamkeit ganz beim Coachee bleiben zu können. Bei vielen Coachingmethoden ist das sehr sinnvoll, für die Phase 2 im Persönlichkeits-Panorama empfiehlt sich allerdings das genaue Gegenteil: Schreib lieber mehr mit als weniger, notiere auch kurze Zitate und nicht nur einzelne Wörter, damit du später den Zusammenhang noch herstellen kannst.

Vor allem: Schreib bitte wörtlich mit. Versuche nicht, beim Schreiben zu strukturieren, zu sortieren oder umzuformulieren. Schreib einfach mit,[10] wie ein freundlicher, wertschätzender Protokollführer. Und erkläre das deiner Klientin oder deinem Klienten auch vorab: „Ich werde viel mitschreiben, damit wir danach gemeinsam mit diesem Material weiterarbeiten können. Daraus werden deine Mosaiksteine entstehen.“ Auch das ist ein Aspekt des Rahmensetzens, der die Transparenz erhöht und eine Zusammenarbeit auf Augenhöhe fördert.

Wie kommt das Gespräch in Gang?

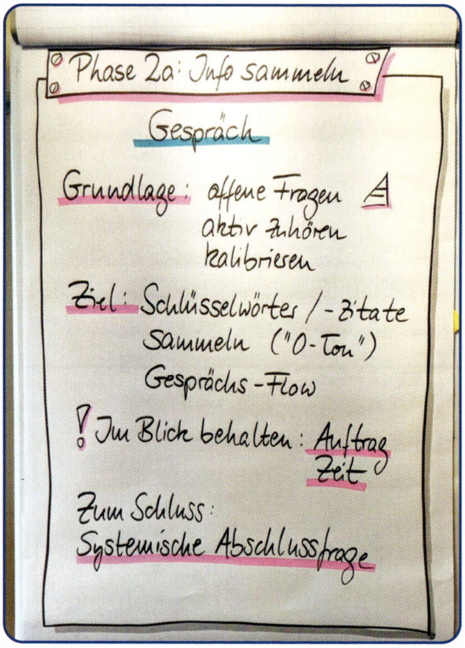

Im vorab gesetzten Rahmen kam die Metapher vom Mosaik bereits zur Sprache, und deshalb können wir hier direkt daran anknüpfen:

„Und jetzt werden wir gemeinsam die Mosaiksteine sammeln. Vielleicht fragst du dich, wie das gehen soll – doch es gibt dabei für dich eigentlich gar nicht so viel zu tun. Du fängst einfach an, mir von dir zu erzählen. Lass deinen Gedanken freien Lauf, geh den Ideen nach, die dir kommen. Ganz einfach so, wie es sich von selbst ergibt, denn sortieren werden wir alles später gemeinsam.

Jetzt ist es hilfreich, wenn du dich einfach entspannst. Vielleicht erinnerst du dich an eine Situation, in der du schon einmal ganz gelassen und entspannt warst, dass die Worte wie von selbst kamen, und dann kannst du anfangen, mir von dir zu erzählen, davon …
… wer du bist,
… was deine Rollen sind,
… was dir wichtig ist,
… was du kannst
… und was du so tust.

Fang einfach mal an und lass dich überraschen, was alles so kommt.“

---

10 Im Seminar kommt an dieser Stelle oft die Frage, warum man das Gespräch denn nicht aufzeichnet und dann abspielt. Die Antwort darauf kommt am Ende dieses Abschnitts bei den Praxiserfahrungen und -tipps.

Mit diesen **fett markierten Fragen** gibst du Impulse zu den verschiedenen logischen Ebenen, und zwar in indirekter Form. Nicht als direkte Frage („Was ist dir wichtig?“), sondern als indirekte Aufforderung: „... und du kannst mir erzählen, was dir wichtig ist“. Eine solche indirekte Formulierung wirkt wie eine sanfte Anregung und unterstützt einen entspannten, tranceartigen Erzählmodus. Das erleichtert den Prozess der Informationssammlung: Die Klientin kann assoziativ in verschiedenen Aspekten ihres Selbstbilds „spazieren gehen“ und du begleitest sie dabei durch indirekte, sanfte Impulse und aktives, wertschätzendes Zuhören.

Impulse zu den verschiedenen logischen Ebenen kannst du als Coach immer wieder geben, bis die Klientin über kurz oder lang „ins Reden kommt“ und einfach erzählt. Deine Impulse kannst du dann reduzieren und dich aufs Mitschreiben und Aktives Zuhören konzentrieren.

Aktives Zuhören

In der Phase dieses Gesprächs richtet der Coachee die Aufmerksamkeit nach innen auf eigene Gedanken, Gefühle und Erfahrungen. Dabei tauchen zahlreiche Facetten seiner Persönlichkeit auf: Rollen, Werte, Stärken und Verhaltensweisen, vielleicht auch der Bezug zu anderen Menschen und Aspekte seiner Umwelt. Du wirst ihn dabei durch offene Fragen unterstützen und seine Antworten so spiegeln, dass er sich „gesehen und gehört“ fühlt.

Methodisch nutzen wir hier die verschiedenen Stufen des Aktiven Zuhörens. Es geht auf Rogers‘ (1961) Grundlagen zur positiven Beziehungsgestaltung zurück und wird seit langem in der Psychotherapie und Pädagogik eingesetzt, mittlerweile auch im Coaching und in der Verhandlungsführung. Aktives Zuhören bedeutet, Aussagen des Partners sensibel zu spiegeln und sich seine Zustimmung dafür einzuholen, dass man zutreffend erfasst hat, worum es ihm geht.

Aktives Zuhören umfasst deutlich mehr als ein bloßes Wiederholen der Aussagen eines Gesprächspartners. Claus Blickhan (2007) beschreibt in den *Sieben Gesprächsförderern* sechs unterschiedliche Stufen, die aufeinander aufbauen.

Aktives Zuhören – Stufe 1

Hier geht es primär darum, den Partner aussprechen zu lassen und aufmerksam zuzuhören, ohne in Gedanken bereits eigene Hypothesen oder Antworten zu formulieren. Du hältst dabei in passender Weise Blickkontakt – nicht dauerhaft, das wirkt unangenehm, aber lang genug, um dein Interesse zu vermitteln. Lass durchaus auch Pausen im Gespräch zu.

Weiterhin ist es hilfreich, wenn du dich an das Tempo deines Gegenübers anpasst und an seine Körpersprache. Untersuchungen zeigen: Menschen, die einander nicht kennen, sich aber gut verstehen, gleichen sich automatisch in ihrer Haltung, Gestik und in ihrem Atemrhythmus an (Vacharkulksemsuk & Fredrickson 2012). Wenn uns das Gegenüber sympathisch ist, verläuft dieser Prozess automatisch und fließend. Als Coach kannst du bewusst darauf achten und zum Beispiel dein Tempo, die Lautstärke, deine Sitzposition oder Körperhaltung angleichen.

Aktives Zuhören – Stufe 2

Auf dieser Stufe „quittieren“ und/oder bestätigen wir das Gesagte. Die Unterscheidung zwischen beidem ist wichtig.

- **Quittieren** im Sinne sozialer Resonanz kann durch kurze, hörbare Bestätigungen erfolgen („aha“, „so“, „hm“ usw.). Das heißt zunächst nur so viel wie „Ja, ich höre, dass du das sagst“ und noch nicht „Ja, ich bin der gleichen Meinung“.
- **Bestätigen** bedeutet dagegen eine explizite inhaltliche Zustimmung (Nicken, „ja“, „genau“, „richtig“, „gut“) und sollte nur dann erfolgen, wenn es auch deiner Meinung entspricht, wenn du also inhaltlich zustimmst und das Gesagte verstärken willst.

Aktives Zuhören – Stufe 3

Die nächste Stufe umfasst Nachfragen, um die Aussage des Partners inhaltlich zu verstehen. Diese Nachfragen können direkt („Wie meinst du X?“) oder indirekt sein im Gegensatz („Ich frage mich, was X bedeuten könnte.“), sie beziehen sich aber immer auf die inhaltliche Präzisierung dessen, was der Partner gesagt hat. Eigene, inhaltlich weiterführende Fragen gehören nicht mehr zum Aktiven Zuhören, sondern zur Fragestrategie im Coaching („Was könnte dir helfen, um damit besser umzugehen?“).

Aktives Zuhören – Stufe 4

Hier steht das Spiegeln der Aussage des Partners im Mittelpunkt, also das klassische Reflektieren des Gesagten. Du wiederholst sinngemäß, was der Partner gesagt hat (Techniken: verbalisieren, umschreiben, in eigenen Worten zusammenfassen).

Aktives Zuhören – Stufe 5

Aktives Zuhören auf der Stufe 5 setzt ein „Hören zwischen den Zeilen“ voraus. Du bist aufmerksam für die Gefühle des Partners und fasst sie in konstruktiver, unterstützender Weise in Worte. Damit vermittelst du ihm die Sicherheit, dass seine Gefühle in diesem Gespräch einen Platz haben und von Bedeutung sind. Du zeigst Verständnis dafür, wie es dem Partner geht.[11]

11 In Rogers’ personenzentrierter Gesprächsführung ist das der zentrale Aspekt. Im Deutschen ist er bekannt als **Verbalisierung emotionaler Erlebnisinhalte** (VEE), was auf Reinhard Tausch zurückgeht, der damit Rogers’ Formulierung **reflecting of feeling** durch eine eindeutigere Beschreibung ersetzen wollte (Tausch 1970, zitiert nach Stumm 2009).

Aktives Zuhören – Stufe 6

In dieser sechsten Stufe des Aktiven Zuhörens gehst du im Verständnis für einen Gesprächspartner noch einen Schritt weiter und begibst dich auf die Ebene seiner Bedürfnisse, Ziele und Motive. Du sprichst an (oder aus), was dem Partner wichtig ist. Ein Verständnis auf dieser Ebene bildet die Grundlage für eine tragfähige, vertrauensvolle Beziehung.

Was bewirkt dieses Gespräch?

Formal hat das Gespräch das Ziel der Informationssammlung: Welche „Mosaiksteine" kommen ins Panorama? Aber auch auf der Ebene des subjektiven Erlebens geschieht in diesem Gespräch etwas ganz Wesentliches: Die meisten Klient*innen sind sehr berührt von der Erfahrung, „einfach einmal am Stück von sich erzählen zu können", und das in einer wertschätzenden Atmosphäre, in der sie nicht nur ausreden dürfen und nicht unterbrochen werden, sondern ihnen jemand aufmerksam, wertschätzend und interessiert zuhört. Sie erleben das Prinzip des „Validierens", das aus der Psychotherapie und aus der Systemik bekannt ist und das Ziel verfolgt, die Gedanken und das subjektive Erleben des Gesprächspartners anzuerkennen und im Wortsinn für „wahr zu nehmen". Die Erfahrung einer solchen Gesprächssituation ist für viele Klient*innen bereits eine Intervention bzw. eine spürbare Ressourcenerfahrung, die die weitere Arbeit gut tragen kann.

Welche Fragen helfen weiter?

Formal stellst du – wie meistens im Coaching – offene Fragen. Sie öffnen Türen, in diesem Fall die Türen zum Selbstbild. Letztes bleibt, wie wir inzwischen wissen, ja meist im Hintergrund der Aufmerksamkeit, also metaphorisch gesprochen hinter einer angelehnten Tür.

Im Unterschied zu offenen sind geschlossene Fragen mit „Ja" oder „Nein" zu beantworten. Offene Fragen erkennt man zudem an den „W-Fragewörtern": was, wer, wie, wozu, wann …? Die Frage nach dem „Warum" ist zwar auch offen, nimmt aber eine Sonderstellung ein, denn sie führt oft zu Interpretationen und Vermutungen über mögliche Ursachen. Weil Letztere im Moment weniger relevant sind, lassen wir die Frage „Warum?" lieber erst einmal außen vor.

Inhaltlich achtest du in dieser Phase des Gesprächs auf Schlüsselwörter für die verschiedenen „psycho-logischen Ebenen". Du kannst immer wieder offene Fragen nach den Ebenen einfließen lassen.

Im **Prozess** besteht die Kunst darin, das Gespräch nicht durch Fragen zu führen, sondern Fragen immer dann zu nutzen, wenn der Redefluss der Klientin stockt. Häufig kommt zu Beginn eine Menge Material und die Klientin „sprudelt“ förmlich. Dann kannst du dich aufs wertschätzende Zuhören und Mitschreiben konzentrieren. Meist folgt dann eine etwas ruhigere Phase, in der deine Fragen hilfreich sind. Stell sie nicht der Reihe nach, sondern bleib im Fluss des Gesprächs und lass immer mal wieder Fragen zu Ebenen einfließen, die bisher noch nicht so zur Sprache gekommen sind. Das Ziel wäre, am Ende des Gesprächs alle Ebenen zumindest einmal – manche vielleicht kürzer als andere – ins Licht der Aufmerksamkeit geholt zu haben. Und keine Sorge, wenn das nicht auf Anhieb zu 100 Prozent machbar ist: Es gibt im weiteren Verlauf der Arbeit mit dem Persönlichkeits-Panorama noch viele Gelegenheiten, etwas zu ergänzen. Du brauchst dich also nicht unter Druck zu setzen mit der Befürchtung, etwas zu verpassen, denn die Klientin kann später immer noch etwas anfügen.

Hier siehst du Beispiele für mögliche Fragen auf den verschiedenen Ebenen. Formuliere sie für dich bitte so um, dass sie zu deinem Sprachgebrauch und zum Gesprächsstil passen.

Verhalten	Was tust du? Wie verhältst du dich (in Privatleben, Beruf, Familie etc.)? Was sehen andere, wenn sie dir zuschauen?
Fähigkeiten	Was sind deine Stärken? Was kannst du gut? Wo / wie willst du dich weiterentwickeln? Welche Fähigkeiten schätzen andere an dir?
Werte **Motive** **Überzeugungen**	Was ist dir wichtig? Woran orientierst du dich? Wofür setzt du dich ein? Was motiviert / beflügelt dich? Was möchtest du verwirklichen? Stell dir vor, du schaust im Alter auf dein Leben zurück: Was möchtest du hinterlassen?
Identität	Wer bist du? Was sind deine Rollen im Leben? Wenn andere dich beschreiben: Mit welchem Bild, mit welcher Metapher würden sie das tun?

(eventuell auch Fragen nach) Zugehörigkeit	Wo gehörst du dazu? Von welchem größeren Ganzen, von welcher Gemeinschaft bist du ein Teil?

Die Umwelt

Wenn es sinnvoll erscheint, kannst du natürlich auch nach der Umwelt fragen („Wo bist du aktiv?" „In welcher Umwelt bewegst du dich?"). Achte aber darauf, dass das Gespräch dann nicht zu sehr abschweift und auf äußere Details kommt. Im Fokus soll das Selbstbild der Klientin stehen und ihr inneres Erleben.

Informationen von außen: Fremdbild

Im Gespräch beschreiben Klient*innen vor allem ihre persönliche Sichtweise: Wie erlebe ich mich selbst, was weiß ich über mich, was scheint mir wichtig? So kristallisieren sich allmählich die Facetten des Selbstbilds heraus. Manchmal kann es interessant sein, hier auch Aspekte des Fremdbilds einfließen zu lassen. Sprich das in dieser Phase an passender Stelle gerne an, eher zurückhaltend und vor allem neutral: „Was sehen andere an oder in dir, das du noch ergänzen möchtest?" Diese Frage ist sicher nicht bei jedem Coachee wichtig oder ergebnisreich. Sie kann aber Unterschiede zwischen Selbst- und Fremdbild deutlich machen und dient manchmal als zusätzliche Informationsquelle. Aber natürlich kostet sie auch Zeit, und deshalb kann es bei umfangreichen Informationssammlungen durchaus zu viel sein, noch explizit nach dem Fremdbild zu fragen.

Der Auftrag als „Scheinwerferkegel"

Assoziatives, entspanntes Erzählen führt bei Klient*innen manchmal auch dazu, dass der Fokus weiter wird und sich das Gespräch auf Themenbereiche verlagert, die den zuvor vereinbarten Coachingauftrag übersteigen. Stell dir den Auftrag, den du zu Beginn der Panorama-Arbeit abgeholt hast, wie einen Scheinwerfer vor. Mit dem Auftrag habt ihr vereinbart, worauf der Lichtkegel dieses Scheinwerfers gerichtet werden soll. Was soll ausgeleuchtet werden? Was nicht? Natürlich könnt ihr zwischendurch kurz in andere Ecken und Winkel leuchten, doch behalte den Auftrag im Blick. Falls der Scheinwerferkegel zu weit vom vorab vereinbarten Bereich abschweift, sprich das an und kläre bzw. erweitere den Coachingauftrag.

Selbstbild – nicht Situationen

Das Gespräch in dieser Phase des Persönlichkeits-Panoramas läuft oft mühelos und wie von selbst, weil die Klientin in einen Fluss der assoziativen Innenschau gekommen ist. Das ist der beste Weg, um das Selbstbild aus dem Hintergrund der Aufmerksamkeit in den Vordergrund zu holen. Anders als sonst im Coaching orientieren wir uns hier nicht an konkreten Situationen und Problemstellungen, sondern betrachten Themen aus der Perspektive einer allgemeineren – im Sinn der Dilts-Ebenen: höheren – Ebene. Es ist wichtig, das als Coach im Blick zu behalten, damit sich das Gespräch nicht auf einzelne Problemthemen fokussiert und du aus Gewohnheit ins „normale" Coaching wechselst[12]. Falls eine solche situative Konkretisierung auftaucht, kannst du sie kurz beschreiben lassen, holst die Klientin dann aber mit Fragen nach den psycho-logischen Ebenen wieder auf die kontextübergreifende, allgemeinere Perspektive ihres Selbstbilds: „Was ist dir dabei wichtig?" „Worum geht es hier?" „Welche deiner Stärken wird hier sichtbar?" „Welche deiner Stärken könnte dir hier helfen?" „Welche Seite an dir nimmst du gerade in den Blick?"

Zeitlicher Rahmen für das Gespräch

Klienten erleben diese Gesprächsphase als entspannt, angenehm, wertschätzend und gehen häufig in einen Flowzustand, in dem sie die Zeit nicht mehr wahrnehmen. Oft merken sie erst am Ende, dass diese Phase auch kognitiv und emotional anstrengend ist und sind dann überrascht, „angenehm erschöpft" zu sein. Behalte deshalb als Coach das Energieniveau und die Konzentration des Coachees ebenso im Blick wie die Zeit. Ein guter zeitlicher Rahmen für das Gespräch sind 30 bis 45 Minuten. Der Coachee wird anfangs von dem erzählen, das ihm bereits bekannt und vertraut ist. Nach vielleicht 10 bis 15 Minuten kommt, oft nach einem kurzen Innehalten, die zweite Phase des Erzählens, in der mehr neue Mosaiksteine und auch Zusammenhänge angesprochen werden. Nach etwa 30 Minuten kannst du meist gut in Richtung Abschluss steuern, am besten mit dem Hinweis, dass im weiteren Verlauf der Arbeit immer noch die Möglichkeit besteht, Aspekte zu ergänzen. Mit der Systemischen Abschlussfrage setzt du dann den Schlusspunkt für das Gespräch.

12 Du erkennst den Wechsel daran, dass du „klassische Coachingfragen" stellst, die sich auf konkrete Situationen beziehen: „Was möchtest du erreichen?" „Was hindert dich daran?" „Was genau ist das Problem?" „Was würde dir dabei helfen?"

Die Abschlussfrage

Woher weißt du, dass das Gespräch zu Ende ist und du zum Sammeln der „Mosaiksteine“ übergehen kannst? Oft signalisiert die Klientin sprachlich die Tendenz, zum Schluss zu kommen. „Ich glaube, das war jetzt das Wesentliche.“ „Das habe ich vorhin bereits erzählt, das ist nicht neu.“

Wenn du möchtest, kannst du dann die sogenannte Systemische Abschlussfrage stellen:
„Was gibt es noch, was ich dich hätte fragen können, damit für jetzt erst einmal alles zur Sprache gekommen ist, was im Augenblick wichtig ist?“

Diese Frage – die ich vom Systemiker Matthias Varga von Kibéd gelernt habe – ist so genial, weil sie sehr elegant einen Perspektivwechsel erfordert: Um die Frage zu beantworten, muss sich die Klientin kurzzeitig in deine Position als Coach hineinversetzen und sozusagen von außen auf sich selbst schauen. Das ermöglicht ihr einen neuen Blickwinkel und regt sie dazu an, Zusammenhänge zu sehen. Und wenn als Antwort kommt „Ich glaube, dazu fällt mir nichts ein“, kannst du dir auch sicher sein, dass für den Moment wirklich alles gesagt ist.

Zum Umschalten in die nächste Phase der Panorama-Arbeit empfiehlt sich eine kurze Pause – ein Gang ans Fenster, kurz etwas trinken –, denn jetzt steht eine andere Arbeitsform an: Die Mosaiksteine werden gesammelt. Es werden also die Karten geschrieben, und dazu braucht es zunächst eine Erklärung der „psycho-logischen Ebenen“.

4.4 Phase 2b: Mosaiksteine sammeln – Karten schreiben

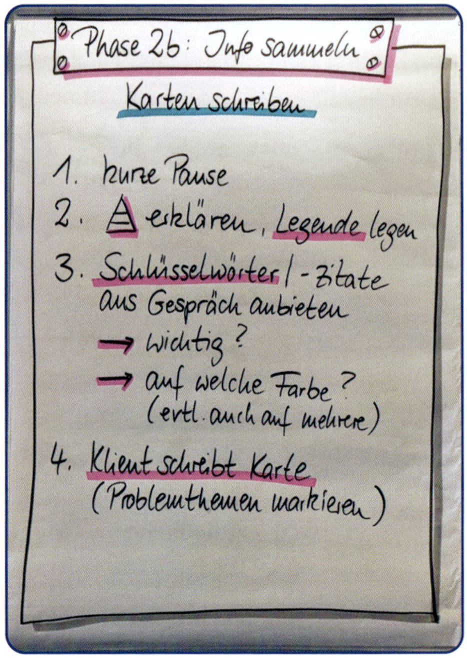

Im Gespräch mit der Klientin hast du eine ganze Menge mitgeschrieben und nun geht es darum, dass ihr gemeinsam die Schlüsselwörter, die du notiert hast, den entsprechenden Ebenen der Persönlichkeit zuordnet. Es empfiehlt sich, das Mitschreiben im Gespräch und das Beschriften der Karten zeitlich zu trennen[13]. Zuerst wird gesammelt, danach zugeordnet.

Erklärung der psycho-logischen Ebenen

An dieser Stelle wechselst du als Coach in eine etwas andere Rollenfacette: Wenn du deinem Klienten nun die „P der Persönlichkeit" erklärst, vermittelst du psychoedukativ Fachwissen. Je prozessorientierter du als Coach arbeitest, desto ungewohnter kann das anfangs sein.

Es empfiehlt sich, diesen kurzzeitigen Wechsel in eine andere Rolle ganz transparent zu machen: *Ich möchte ich dir jetzt gerne ein Modell vorstellen, das uns im weiteren Vorgehen helfen wird.*

Wie genau deine Darstellung der psycho-logischen Ebenen ausfällt, richtet sich hauptsächlich nach den Vorkenntnissen und Vorlieben des Coachees. In der Regel empfiehlt sich eine kurze, anwendungsorientierte Darstellung, die zum Beispiel so lauten könnte:

---

13 Vor über 20 Jahren äußerte ich im Buch *Persönlichkeits-Panorama* übrigens noch die Idee, der Coach könnte beim Zuhören mit entsprechender Übung die Karten schon direkt schreiben: „Mit zunehmender Übung gelingt es dann, die Zuordnung der Ebenen gleich in die Phase des Schreibens mit einzubeziehen und dadurch Zeit zu sparen: Der Coach kann die Schlüsselwörter gleich auf die entsprechenden farbigen Karten schreiben." Davon rate ich aus heutiger Sicht und mit der Erfahrung aus zahlreichen Coachings dringend ab. Ein solches Multitasking würde jeden Coach überfordern und die Beziehungsqualität belasten.

Ich habe dir eingangs erzählt, dass wir heute dein Selbstbild wie ein Mosaik entdecken werden. Wir haben nun eine Menge an Material: Du hast erzählt und ich habe mitgeschrieben. Damit daraus nun „Mosaiksteine" entstehen können, werde ich dir alles vorlesen, was ich mitgeschrieben habe. Und du hörst bitte innerlich mit zwei Fragen zu: „Ist das wichtig? Und wenn ja, was ist das für ein Mosaikstein?"

„Ist das wichtig?" brauchen wir deshalb, weil im Gesprächsfluss auch Aspekte vorkommen, die vielleicht nicht ganz so wesentlich sind. Die können wir dann überspringen.

Das, was wichtig ist, wirst du auf Karten schreiben.

Du siehst hier verschiedene Farben und ich möchte dir dazu gerne ein einfaches und sehr nützliches Modell vorstellen, mit dem wir die Persönlichkeit beschreiben können. Stell dir vor, diese Pyramide[14] wäre eine vereinfachte Darstellung einer Person.

- *Die Person steht in der* **Umwelt**. *Das ist alles, was um uns herum ist, und die Kontaktfläche zur Umwelt ist unser* **Verhalten**. *Was wir tun (oder nicht tun), das kann die Umwelt wahrnehmen und das kann Wirkung in der Umwelt haben.*
- *Was wir tun, wird aber durch das bestimmt, was wir* **können**. *Unsere Fähigkeiten, Stärken, Kompetenzen sind maßgeblich für unser Verhalten. Deshalb befinden sie sich auf einer darüberliegenden Ebene.*
- *Was wir können, hängt wiederum von der Ebene darüber ab, von dem, was uns* **wichtig** *ist. In dem, was mir nicht wichtig ist, brauche ich nicht gut zu sein, das will ich nicht lernen oder können. Unsere Werte, Ziele, Motive beeinflussen also unsere Stärken und Fähigkeiten.*
- *Was uns wichtig ist, hängt direkt an unserem Selbstverständnis, an dem, wer wir sind. Das ist unsere* **Identität**, *die sich aus den verschiedenen* **Rollen** *zusammensetzt, die wir in unserem Leben einnehmen.*
- *Ich bin nicht nur ein „Ich", sondern ich fühle mich vielleicht auch einem größeren Ganzen* **zugehörig**, *einer Gemeinschaft, der Gesellschaft, der Menschheit.*
- *Und nun kannst du diese Kette auch von oben nach unten verfolgen:*
- *Wer wir sind, prägt unsere* **Werte**. *Was uns wichtig ist, beeinflusst, was wir lernen und entwickeln: unsere* **Stärken und Fähigkeiten**. *Und diese wiederum speisen unser* **Verhalten**, *und mit dem Verhalten wirken wir auf unsere* **Umwelt**.*"*

14 Eine vorbereitete oder spontan gezeichnete Skizze hilft hier enorm!

Schlüsselwörter den Ebenen zuordnen

Farben wählen

Im nächsten Schritt wählt deine Klientin Farben für die verschiedenen Ebenen. Falls du Karten in verschiedenen Formen zur Verfügung stellst, kann sie bei ihrer Wahl noch weiter differenzieren. Sie beschriftet diese Karten dann wie eine Legende mit den Worten **Verhalten**, **Fähigkeiten** bzw. **Stärken**, **Werte**, **Identität** bzw. **Rollen** und ggf. **Zugehörigkeit** und **Umwelt** und legt sie vor sich aus. Das erleichtert ihr im weiteren Verlauf das Zuordnen der Inhalte und Schlüsselwörter zu den Ebenen.

Abbildung 4.1: Ein Beispiel einer Legende. Weiß ist hier die Farbe für die Identität, orange steht für Werte, blau für Stärken und Fähigkeiten und gelb für Verhalten.

Karten schreiben

Nun spiegelst du dem Klienten, was du während eures Gesprächs mitgeschrieben hast. Du liest alles wörtlich vor, chronologisch beim Anfang beginnend, und lässt ihn für jede Sinneinheit (Schlüsselwort oder Zitat) entscheiden: „Ist das wichtig?" Wenn ja, wählt er die passende psycho-logische Ebene dafür und nimmt sich eine Karte, auf der er das Schlüsselwort notiert (am besten kurz, knapp, in „Kindersprache"). Die Farbe jeder Ebene liegt vor ihm, sodass er nur hinzusehen braucht, um die passende Kartenfarbe zu wählen. Das erleichtert ihm die Konzentration auf den Inhalt.

Du spiegelst alles, was du während eures Gesprächs mitgeschrieben hast. Lies wörtlich vor, schmücke nichts in eigenen Worten aus. Es kann hilfreich sein, nicht jedes Wort einzeln anzubieten, sondern „Pakete" nach Sinnzusammenhang zu machen. Dann kannst du zwei bis drei Zitate im Zusammenhang vorlesen und der Klient schreibt dafür mehrere Karten.

Material fürs Persönlichkeits-Panorama

Karten
Am besten eignen sich sogenannte Moderationskarten. Im Format 20 x 10 cm sind sie aus stabilem Karton und in verschiedenen Farben und Formen erhältlich. Für den Anfang genügen rechteckige Karten in fünf bis sechs Farben und ovale oder runde Karten in zwei bis drei Farben.
Wenn man eine kleinere Variante braucht, kann man auf Karteikarten im Format DIN-A6 oder DIN-A7 zurückgreifen. Es gibt sie ebenfalls in mehreren Farben, aber nicht in unterschiedlichen Formen.

Stifte
Für die Moderationskarten sind Moderationsmarker ideal, am besten mit Keilspitze. Für kleinere Karten besorgst du am besten dickere Fineliner. Schwarz genügt in beiden Fällen, eventuell noch rot oder grün zum Markieren.

Zusatzmaterial
Hier sind deiner Kreativität keine Grenzen gesetzt. Du kannst Post-its in verschiedenen Farben, Formen und Größen bereithalten, Gegenstände (Fäden, Steine, Federn, Naturmaterialien ...) und „Spielzeug" (Figuren oder andere Symbolgegenstände). Manche Coachees lieben es, wenn ihr Bild bunt und vielfältig ist, andere bevorzugen eine eher minimalistische Darstellung aus Karten.

In Kapitel 4.8 gehe ich noch ausführlicher auf das Thema „Material" ein.

Es kann vorkommen, dass ein Thema auf mehreren Ebenen Resonanz findet. Dann kann es auch auf verschiedenfarbige Karten geschrieben werden, entweder wortgleich oder leicht abgewandelt, z. B. einmal als Substantiv und einmal als Adjektiv. Und solltest du dich über eine Zuordnung der Klientin wundern, würdest dich bei einem Zitat eher für eine andere Ebene entscheiden, dann ist das – wie immer im prozessorientierten Coaching – zwar für dich persönlich interessant, aber im Coaching nicht wichtig. Entscheidend ist, wie die Klientin das für sich einsortiert. Ihre Meinung zählt.

Fragst du dich vielleicht, ob du anbieten solltest, die Karten zu schreiben, damit sich der Coachee zurücklehnen und ganz auf den inneren Prozess konzentrieren kann? Das ist im Persönlichkeits-Panorama nicht empfehlenswert. Es hat durchaus eine Wirkung, wessen Schrift auf den „Mosaiksteinen" zu sehen ist. Wir identifizieren uns mit unserer eigenen Handschrift, und deshalb unterstützt es die Identifikation mit dem Bild, das in der nächsten Phase entsteht, wenn die eigene Handschrift darin sichtbar ist. Nur in ganz seltenen Ausnahmen wirst du als Coach schreiben, zum kommt: Ich bitte die Coachees nämlich jetzt, alle Kartenstapel zu mischen, so dass sie sich beim Legen des Bildes überraschen lassen können, welche Karte als Nächstes erscheint. Warum diese Empfehlung? Nun, unser Ziel ist eine Veranschaulichung des Selbstbilds, das normalerweise nicht im Fokus unserer bewussten Aufmerksamkeit liegt. Je weniger Struktur wir vorgeben, umso mehr kann System 1, das unmittelbare, ganzheitliche, intuitive Denken übernehmen. Dann legen die Klienten nicht eine vorab (in System 2) erdachte Struktur, sondern ermöglichen sich einen ressourcevollen, intuitiveren und spielerischeren Zugang.

4.5.2 Das Bild legen

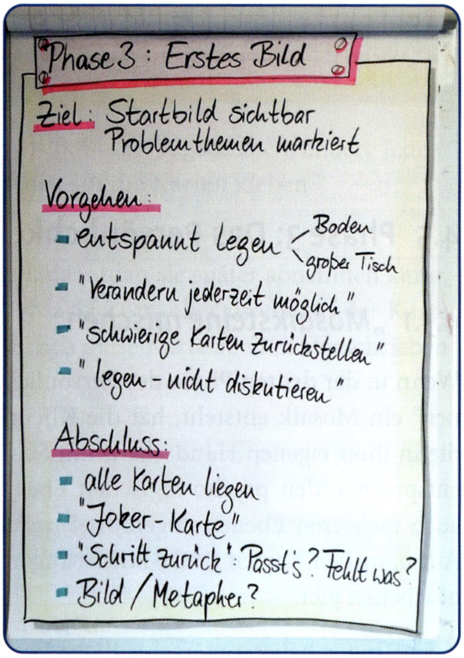

Und nun ist es so weit: Aus den Karten entsteht das individuelle Panorama der eigenen Persönlichkeit.

Wo entsteht dieses Bild?

Dafür gibt es mehrere Möglichkeiten, und ich habe gute Erfahrungen damit gemacht, den Klienten die Sortiermethode selbst wählen zu lassen. Die meisten entscheiden sich für den Boden.

Das **Auslegen am Boden** hat viele Vorteile. Man hat viel Platz, kann Karten leicht hin- und herschieben und das Ganze mit wenig Aufwand neu gruppieren. Zudem lässt sich dann in der nächsten Phase des Bearbeitens leicht Abstand davon nehmen – man kann direkt auf den Karten stehen, davor, in der Nähe oder in weiterer Entfernung. Dieser äußere Perspektivwechsel erleichtert oft den Erkenntnisprozess.

Wenn **auf einem Tisch** ausgelegt wird, arbeitet ihr am besten mit kleineren Karten (DIN-A6-Karteikarten, mehr dazu in Abschnitt 4.8). Trotzdem sollte dieser Tisch groß genug sein, denn ihr braucht Platz. Ich empfehle eine Tischfläche von mindestens einem Quadratmeter (ggf. kannst du zwei Tische zusammenstellen).

Pinnwände oder Moderationstafeln, auf die die Karten gesteckt werden können, scheinen zwar praktisch, sind aber nicht empfehlenswert. Das Feststecken der Karten ist aufwendig und ein Umgruppieren erfordert beträchtlichen Aufwand. Arbeite an der Pinwand lieber mit Moderationskarten, die mit wiederablösbarem Kleber befestigt werden. Auch Post-its sind eine Möglichkeit, doch leider verformen sich diese beim mehrmaligen Abziehen und Wiederankleben und sind dann schlecht aus der Entfernung zu lesen.

Wie entsteht das Bild?

Der Klient nimmt seine Karten in die Hand und du forderst ihn auf, sie so auszulegen, wie es ihm stimmig erscheint. Formuliere die Bitte bewusst so unspezifisch („stimmig"), um ihm möglichst viel Freiraum zu lassen.

> *Du hast jetzt die Mosaiksteine in der Hand. Lass dich einfach mal überraschen, wie daraus nun nach und nach ein Bild entsteht. Jetzt musst du noch gar nicht wissen, wie es am Ende aussieht ..., fang einfach mal an und leg die erste Karte, dann die nächste und wieder die nächste ... So, wie es für dich stimmig ist.*

Während der Klient seine Karten legt, hältst du dich als Coach im Hintergrund. Bleib entspannt stehen oder setz dich in die Nähe, signalisiere aber deine Aufmerksamkeit und Ansprechbarkeit. Wenn du ihn zu dieser Phase des Auslegens anleitest, kannst du das bereits vorab ansprechen:

> *Du wirst wahrscheinlich bald ganz vertieft sein, wenn du deine Karten legst. Denk gerne laut und lass mich so wissen, was dir durch den Kopf geht. Ich werde mich dabei im Hintergrund halten und warten, bis du alle Karten gelegt hast. Danach besprechen wir das gemeinsam.*

Beim Auslegen achtest du darauf, dass der Klient nicht stockt und darüber zu grübeln beginnt, wo genau denn diese eine Karte wohl hinpassen könnte. Er sollte entspannt und konzentriert seine Karten auslegen. Dabei kannst du ihn mit einigen Hinweisen unterstützen:

- *Leg die Karten einfach spontan und „aus dem Bauch heraus" hin. Ohne großes Nachdenken – du kannst später jederzeit Änderungen vornehmen.*
- *Lass dich von deiner Intuition leiten, von inneren Bildern, Empfindungen, Gedanken.*
- *Wenn dir eine Karte unklar oder rätselhaft erscheint, leg sie zunächst einmal weg, indem du sie ganz nach hinten in den Stapel steckst. Später kannst du vermutlich einfach sehen, wie sie dazugehört und wo sie hinpasst.*
- *Wenn du den Eindruck hast, es fehlt etwas, kannst du während des Auslegens noch weitere Karten schreiben.*

Die Jokerkarte

Sobald alle Karten liegen, bittest du die Klientin, sich noch eine „Jokerkarte“ auszusuchen. Diese Karte unterscheidet sich in ihrer Farbe und/oder Form von den anderen und bleibt unbeschriftet. Sie bekommt aber schon einen Platz im Bild.

„Passt alles?“

Und dann bittest du deinen Klienten, auf Abstand zu gehen und so auf sein Bild zu schauen:

Passt das so? Fehlt noch etwas? Möchtest du noch etwas ergänzen?

Markieren, was wichtig ist

Beim Schreiben der Karten hat dein Klient vielleicht schon die Themen markiert, die ihm problematisch erscheinen. Bitte ihn jetzt, noch einmal zu prüfen, ob diese Markierungen stimmig sind:

Sind die wichtigen/problematischen Themen markiert?

Unsere „psychische Werkseinstellung“ verleitet uns dazu, „wichtig“ mit „potenziell problematisch“ gleichzusetzen, was entwicklungsgeschichtlich durchaus einen Sinn ergibt. Unsere Vorfahren waren vorsichtig und stets auf der Hut, wo Gefahren oder Risiken lauern könnten. So konnten sie diesen besser aus dem Weg gehen und mit größerer Wahrscheinlichkeit überleben. Und wir (bzw. unsere psychische Werkseinstellung) stammen von ihnen ab.

Nun bietest du einen Perspektivwechsel an, sodass dein Coachee darauf schauen kann, was besonders wichtig im Sinne von „hilfreich“, „stärkend“, „gut“ ist:

Schau bitte nochmal auf dein Bild, und zwar mit einer positiven Perspektive: Wo sind zwei oder drei Aspekte, die dir Kraft und Rückenwind geben? Was stärkt dich? Worauf kannst du dich verlassen? Markiere diese bitte auch.

Ich empfehle, zunächst nach „zwei oder drei positiven Aspekten“ zu fragen. Falls dein Klient im Moment nur zwei findet, ist das kein Problem – sobald er eine positive Markierung gesetzt hat, ist der Perspektivwechsel ja bereits gelungen. Und wenn er mehr positive Aspekte finden möchte, lass ihm Zeit dafür, denn hier werden Ressourcen identifiziert.

… und vielleicht eine Metapher?

Lass den Klienten dann „von der anderen Seite" auf das Bild schauen. Dazu gehen die meisten an eine Stelle, von der aus betrachtet die Schrift für sie auf dem Kopf steht. Das ist eine interessante neue Perspektive, denn hier schauen sie weniger auf Details (Worte), sondern mehr auf das große Ganze. Frag danach, wie das Bild für den Klienten aussieht: *Woran erinnert dich das Bild? Kannst du etwas darin erkennen, ein Bild, eine Metapher? „Das sieht aus wie …", „Das erinnert mich an …"*

Biete noch weitere Perspektiven an: von jeder Seite auf das Bild schauen oder es auch einmal von oben betrachten (z. B. indem man auf einen Stuhl steigt) etc.

4.5.3 Das Startbild betrachten

Der Klient hat nun sein eigenes und unverwechselbares Persönlichkeits-Panorama gelegt, es von verschiedenen Seiten betrachtet und vielleicht auch schon neue Einsichten gefunden.

Von Themen, nicht von Karten sprechen

Für dich liegen hier viele Karten am Boden (oder auf dem Tisch) – für die Klientin sind das aber mehr als Karten, es sind Themen, die sie persönlich betreffen. Deshalb empfehle ich dir, möglichst oft von **Themen** zu sprechen, oder sie am besten gleich direkt mit dem Schlüsselwort zu benennen, das auf der Karte steht. Sprich nicht abstrakt von **Karten**, denn damit verlagerst du den Prozess mehr ins Abstrakte. Themen sind emotional relevant – Karten sind nur Hilfsmittel!

Jetzt könnt ihr beide – quasi als „Kollegen" – auf das Bild schauen.
- Wie symmetrisch ist das Bild? Gibt es eine offensichtliche „Einseitigkeit"?
- Wie sind die Farben im Bild verteilt? Gibt es Häufungen oder fehlen Farben?
- Fallen leere Räume im Bild auf? Oder sind manche Bereiche geradezu überfüllt?
- Wo ist im Bild „vorne"? Wo geht es in die Zukunft? Wieviel Platz gibt es für künftige Entwicklungsschritte in diese Richtung? (Manchmal liegen Bilder direkt an der Wand oder in der Ecke des Raums.)

Diese Fragen kannst du als Coach im Hinterkopf behalten und sie an geeigneter Stelle einfließen lassen. Bei der Arbeit mit dem Persönlichkeits-Panorama gibt es keine fixierte Reihenfolge, denn jeder Prozess ist unterschiedlich. Manche Coachees „springen" direkt in die Bearbeitung und „schnappen" sich gleich die erste Karte, an der sie arbeiten wollen. Andere stehen vor ihrem Bild und betrachten es erst einmal in Ruhe, vielleicht auch mit analytischem Blick. In diesem Fall können die oben genannten Fragen schon früh im Prozess eingesetzt werden.

Lass dir möglichst oft vom Klienten aus seiner subjektiven Sicht das Gesamtbild erklären. Hier bewähren sich wieder offene Fragen; diesmal übrigens gerne auch die nach dem „Warum", denn jetzt interessieren uns die subjektiven Interpretationen des Coachees ja besonders.

- *Wo siehst du Zusammenhänge?*
- *Wie passt dieser Mosaikstein ins Bild?*
- *Warum liegen diese Themen neben- bzw. untereinander?*
- *Wie gehört das zusammen?*

Erfahrungen aus dieser Phase

Coachees beschreiben ihre Erfahrungen zum Beispiel so:

- Ich bin beeindruckt davon, welche Themen da zum Vorschein kommen.
- Das war ganz schön intensiv und irgendwie auch anstrengend.
- Das hat mir echt Freude gemacht. Ich war irgendwie total im Flow.
- Ich gehe jetzt mit einem klaren Bild und mit einer Metapher raus.
- Ich bin sehr berührt.

Hilfreich in der Rolle als Coach war es, ...

- der Klientin Zeit zu lassen, sie in Ruhe legen zu lassen.
- den Raum zu „halten" und achtsam dabei zu sein.
- mich als Coach zurückzuhalten und die Klientin machen zu lassen.
- entspannt und zuversichtlich zu bleiben.
- einen Zwischenstand als Foto festzuhalten.
- ausreichend Auswahl an Material dabeizuhaben.
- nicht zu früh mit Coachingfragen zu beginnen.

4.6 Phase 4: Inhaltliches Bearbeiten im Panorama

4.6.1 Der Einstieg ins Bearbeiten

Der Coachee hat sein Bild nun von verschiedenen Seiten betrachtet und vielleicht bereits eine Metapher gefunden. Um ins Bearbeiten einzusteigen, bietest du jetzt wieder verschiedene Möglichkeiten an; es gibt hier keinen „Standardeinstieg".

Es gibt jetzt verschiedene Möglichkeiten, wie wir weitermachen können:
Du kannst einen Schritt zurücktreten und mit Abstand auf dein Bild schauen.
Du kannst mir erzählen, was dieses Bild für dich bedeutet und woran es dich erinnert.
Oder du kannst auch mal einsteigen und nachspüren, wie einzelne Themen sich für dich anfühlen.
Du kannst dir auch eines der markierten Themen anschauen.
Womit möchtest du anfangen?

4.6.2 Perspektivwechsel

Am Anfang der Bearbeitung der Themen im Panorama stehen Perspektivwechsel, denn sie ermöglichen Neu- und Umbewertungen, und so geschieht Veränderung. Diese Perspektivwechsel kannst du auf mehreren Ebenen anbieten:

- **Perspektive wechseln**
  (wortwörtlich verstanden):
  Biete dem Coachee an, von unterschiedlichen Seiten und Richtungen auf das Bild zu schauen und dabei „laut zu denken". Auch von oben lässt sich das Bild betrachten, indem er zum Beispiel auf einen Stuhl steigt.

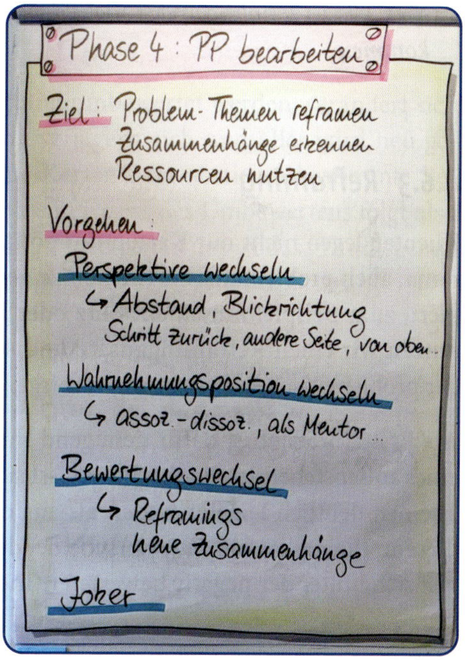

4.6.4 Das Grundprinzip im Persönlichkeits-Panorama

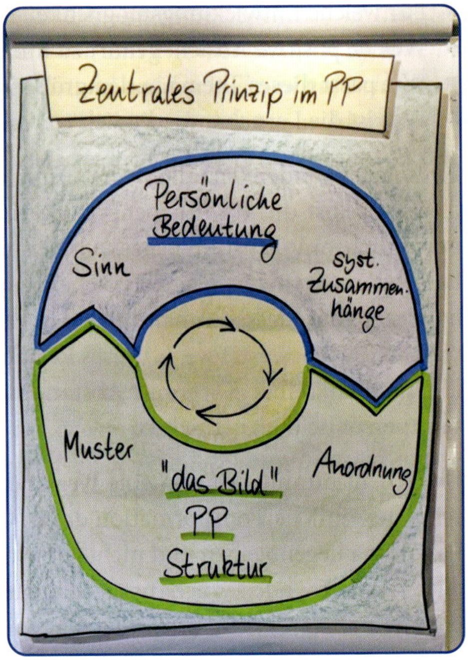

Mit dem Persönlichkeits-Panorama entwickelt der Coachee eine äußere Struktur, die sein Selbstbild spiegelt. Die Anordnung der Karten im Raum erfolgt nach einer individuellen Sortierung, die sich für den Coachee stimmig anfühlt. Diese beiden Ebenen, das Bild im Außen und das Erleben im Inneren, ergeben in der Wechselwirkung das zentrale Prinzip im Coachingprozess.

- Das Bild stellt eine **Struktur im Außen** dar, in der bestimmte, individuelle Muster sichtbar werden.
- Diese Struktur hat eine **persönliche Bedeutung**. Die Anordnung ergibt buchstäblich Sinn, und es werden systemische Zusammenhänge sichtbar, zum Beispiel von Problemen und Ressourcen oder von Themen untereinander.

Das führt zu zwei Grundregeln in der Arbeit mit dem Persönlichkeits-Panorama:

1. Wann immer der Coachee etwas in der Struktur des Bildes verändert, Karten umlegt, neu schreibt, äußere Anordnungen ändert, fragst du ihn nach der persönlichen Bedeutung dieser Veränderung.
2. Sobald der Coachee eine Einsicht beschreibt oder von einer Veränderung im inneren Erleben berichtet, fragst du ihn, wie er diese sichtbar machen könnte.

Die beiden Fragen **„Was bedeutet das für dich?“** und **„Wie kannst du das sichtbar machen?“** wirst du im Verlauf der Arbeit häufig stellen. Und du kannst sie wirklich auch genau so stellen. Es ist nicht nötig, sie sprachlich kreativ umzuformulieren – ganz im Gegenteil: Der Coachee wird das Prinzip sehr schnell erkennen, dass er jede äußere Veränderung anschließend als innere Erkenntnis formuliert und umgekehrt. Genau dieses intuitive Erkennen des Prinzips lässt einen Panorama-Coachingprozess oft so „mühelos“ erscheinen, denn bevor du danach gefragt hast, machen die Coachees bereits den nächsten Schritt.

Dieses Grundprinzip der Arbeit im Persönlichkeits-Panorama treibt den Prozess gewissermaßen wie ein Schwungrad an. Sobald Letzteres einmal in Bewegung gekommen ist – zum Beispiel über Reframing-Fragen – läuft es ganz leicht von selbst weiter.

4.6.5 Prozessschritte im Bearbeiten

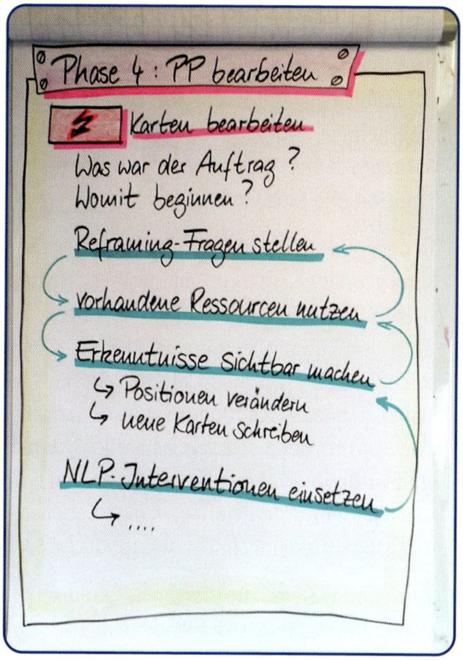

Auch wenn der Einstieg individuell ist und die Reihenfolge deshalb nicht als Standardprozess definiert werden kann, kommen in dieser Phase des Bearbeitens bestimmte Prozessschritte immer wieder vor und es lassen sich bestimmte Schwerpunkte definieren:

Zunächst holst du den **Auftrag des Coachings** und das **Ziel im Persönlichkeits-Panorama** wieder in den Vordergrund. Worauf sollte der Scheinwerfer der Aufmerksamkeit gerichtet sein?

Dann entscheidet sich der Coachee für einen **Startpunkt**. Vielleicht möchte er eine „Blitzkarte“ aus einer neuen Perspektive betrachten. Dabei unterstützt du ihn mit **Reframing-Fragen**.

Im Panorama werden nicht nur problematische Themen sichtbar, sondern auch persönliche **Ressourcen**. Beim Umgehen mit problematischen Themen kannst du immer direkt nachfragen, welche Ressource helfen könnte, leichter mit dem Thema umzugehen. Lass den Coachee schauen, welche Stärken oder Kraftquellen in der räumlichen Nähe des Problemthemas liegen. Oft treten erstaunliche Zusammenhänge zutage.

Jede Erkenntnis wird sichtbar gemacht. Der Coachee kann dafür Positionen von Karten verändern, neue Karten schreiben, Symbole oder Gegenstände ergänzen.

Wenn das Schwungrad des Prozesses erst einmal in Gang ist, erscheint die Arbeit oft mühelos und geht wie von selbst. Wenn deine Klientin aktiv arbeitet, unterbrich sie währenddessen nicht. Bitte nach solchen „stillen Arbeitsphasen“ um **ein Update** und lass dir erzählen, was sie erlebt oder erkannt hat und wie sich das in ihrem Bild spiegelt.

„Kindersprache“

Im Persönlichkeits-Panorama – und im Coaching generell – unterstützen wir als Coaches unsere Klient*innen dabei, neue Einsichten zu gewinnen, sich mit ihren Erfahrungen zu versöhnen, sie einzuordnen, neu zu bewerten und daran zu wachsen. Wir helfen ihnen, Ziele zu erkennen und den Weg dorthin mit Freude und Rückenwind zu gehen. Wir bieten einen Rahmen, in dem Denken, Fühlen und Handeln neu ausgerichtet werden können (Kognition, Emotion und Motivation).

In unserer Kultur überwiegt System 2 (siehe Seite 32): Wir denken analytisch, erkennen Zusammenhänge, setzen Ziele und Prioritäten und machen Pläne. Damit Klient*innen Verhaltensänderungen erreichen und neue, tragfähige Gewohnheiten für mehr Wohlbefinden aufbauen können, genügt es aber nicht, System 2 an Bord zu haben. Wir brauchen dafür auch System 1. Um nicht nur den Reiter, sondern auch den Elefanten bei der Veränderung dabei zu haben, stellt der bewusste Gebrauch von Sprache eine wirkungsvolle Möglichkeit dar. „Das ist doch selbstverständlich“, wirst du vielleicht jetzt einwenden, denn als Coach du bist darin erfahren, Worte präzise zu wählen und das Gesagte einfühlsam zu spiegeln. Doch leider nutzen viel zu wenige Coaches in ihrer Begleitung „Kindersprache“: einfache, emotionalisierende, leicht verständliche Sprache.

Diese „Kindersprache“ ist nicht „kindisch“, sie ist „kindlich“ und damit einer der besten Wege, um System 1 anzusprechen. Das musst du nicht unbedingt explizit machen („Ich benutze einfache Sprache im Gespräch mit dir, weil …“), denn möglicherweise würde diese Ankündigung System 2 auf den Plan rufen und mit einem Verweis auf die eigene intellektuelle Kompetenz bei der Klientin Abwehr mobilisieren. Wenn ich im Coaching mit „Kindersprache“ arbeite, nutze immer wieder Ausdrücke, die eine Spur einfacher sind als die der Klientin. Wenn sie z. B. sagt:

Ich bin mir nicht sicher, ob ich die Prioritäten angemessen setze. Ich stecke so viel Energie in das, was ich tue, und abends sehe ich doch kein Ergebnis,

antworte ich:

Du möchtest dir gerne sicher sein, was dir wirklich wichtig ist. Wo es sich lohnt, dass du dich einsetzt. Und du möchtest abends zufrieden sein.

Ich spiegele abstrakte Aussagen mit erlebnisnahen Wörtern, benenne Emotionen und benutze mehr Verben als Substantive. Damit spreche ich System 1 an, schließe System 2 aber nicht aus dem Gespräch aus.

4.6.6 Zusammenfassung: Wie beginne ich mit dem Bearbeiten im Persönlichkeits-Panorama?

Zwischen dem Erstellen des Bilds und dem Bearbeiten wird typischerweise eine Pause liegen. Sie kann kurz sein – vormittags habt ihr das Bild erarbeitet und nach dem Mittagessen geht's ans Bearbeiten – oder sich auch über einige Tage erstrecken. Dann hätten die Informationssammlung und das Legen des ersten Bildes in der vorhergehenden Sitzung stattgefunden, und nun knüpft ihr gemeinsam wieder an.

Wie kommt der Prozess in Gang?

- **„Was ist in diesem Moment aktuell?"**
  Lass den Coachee das Bild aus verschiedenen Blickwinkeln und Perspektiven betrachten. Dabei soll er sich auf das fokussieren, was ihm im Moment wichtig oder bedeutsam erscheint. „Wie geht es dir mit dem Bild?" „Was bedeutet das Bild für dich?" „Welche Metapher kommt dir in den Sinn, wenn du von verschiedenen Seiten darauf schaust?"

- **„Was war dein Auftrag?"**
  Erinnert euch noch einmal gemeinsam an den Auftrag für die gemeinsame Arbeit mit dem Panorama. Was war das Ziel der Klientin? Dieser Auftrag gibt gewissermaßen den „Scheinwerfer" vor, der auf das Bild strahlt. Je nach Auftrag kann der Lichtkegel breit und flächig sein oder aber auch fokussiert und pointiert.

- **„Erlebe es von innen und schau von außen drauf."**
  Bitte die Klientin, ins Bild „einzusteigen" und sich hineinzufühlen. Welche Emotionen tauchen auf?
  Lass sie dann einige Schritte auf Abstand gehen und das Bild von außen betrachten. Was ändert sich?
  Schließlch etablierst du mit ihr zusammen eine stabile Beobachterposition, einen „Meta-Platz", von dem aus sie als wohlwollende, außenstehende Beobachterin in Ruhe zusehen kann.[17]

- **„Neue Perspektiven, neue Bewertungen, neue Einsichten"**
  Die Klientin entscheidet sich nun, wo sie im Bild beginnen möchte. Oft sind das Themen, die sie als problematisch markiert hat. Lass sie Kontakt mit einem solchen Thema aufnehmen – zum Beispiel, indem sie sich danebenstellt – und biete Reframing-Fragen an. Dein Ziel ist es, gemeinsam mit ihr den positiven Kern dieses Themas zu entdecken. Wofür ist es gut, dass es sich hier zeigt? Welche Lernchance steckt darin? Welche der umliegenden Ressourcen können hier helfen?

17 Möglicherweise kann bereits hier die Position eines Mentors eingeführt werden. Meist geschieht das aber – wenn überhaupt – erst später im Prozess.

- **„Schwung nehmen“**
  Nun bringst du gewissermaßen das „Schwungrad“ in Gang: Immer, wenn der Klient eine Einsicht äußert, fragst du ihn: „Wie kannst du das sichtbar machen?“ Und immer, wenn er äußere Veränderungen vornimmt, Karten ergänzt, verschiebt oder neu schreibt, fragst du ihn: „Was bedeutet das für dich?“
  Manche Coaches sind hier skeptisch, ob diese beiden schlichten Fragen ausreichen, einen so komplexen Prozess in Gang zu bringen bzw. zu halten. Doch die Erfahrung zeigt: Ja, sie können es.

Sollte der Prozess bis jetzt nicht in Gang gekommen sein, haben wir noch zwei Möglichkeiten „in der Hinterhand“: die Jokerkarte und einen Mentor.

- **„Der Joker“**
  Wie ihr Name vermuten lässt, ist die Jokerkarte eine unbenannte Ressource. Ihre Bedeutung erschließt sich oft aus ihrer Position, wenn der Coachee darauf schaut bzw. sich hineinstellt. „Wofür steht der Joker hier an dieser Stelle?“ „Was ist seine Bedeutung?“

- **„Ein Mentor“**
  Ein Mentor ist eine Person bzw. Personifikation, die dem Coachee wohlgesonnen ist und ihn schätzt. Der Coachee stellt sich den Mentor zunächst äußerlich genau vor: Wo im Raum ist er, wie sieht er aus, wie ist seine Körperhaltung usw. Dann versetzt sich der Coachee in die Position des Mentors und steigt gewissermaßen „in dessen Schuhe“. Als Mentor kann er so den Coachee und sein Persönlichkeits-Panorama betrachten. Der Mentor kann Hilfestellung geben, um den positiven Kern der „Blitzthemen“ zu erkennen. Er kann auf Ressourcen hinweisen, die im Bild liegen. Und er kann dem Coachee wohlwollend raten. Bei Bedarf kann der Coachee immer mal wieder in die Position des Mentors „steigen“ und sich dort neue Ideen holen oder ein Ressourcensymbol, das ihm der Mentor überreicht.

Ein Mentor als Helfer

1. Der Klient benennt eine reale oder imaginierte Person, die ihn jetzt unterstützen kann. Hierfür gibt es mehrere Möglichkeiten:
   - reale Mentoren: Freund*in, Lehrer*in, entferntere Verwandte (nahe Verwandte wie die eigenen Eltern oder Geschwister eignen sich hier nicht)
   - imaginierte Mentoren: Fantasiegestalt (die gute Fee, der weise Zauberer, der Schutzengel)
   - geschichtliche Figuren: Vorbild, Held*in

2. Der Klient stellt sich den Mentor konkret vor, als stünde dieser tatsächlich vor ihm. Er betrachtet ihn: Wie sieht er aus, wie groß ist er, welche Kleidung trägt er? Er beschreibt Haltung und Stimme des Mentors und dann seine Fähigkeiten und Werte. Was kann er? Was ist ihm wichtig? Was vertritt er?
3. Nun wechselt der Klient (äußerlich und innerlich) in die Position des Mentors. Als Coach unterstützt du dabei, indem du die wichtigsten Schlüsselwörter für den Mentor aus Schritt 2 wiederholst. Dass dein Coachee in der Rolle des Mentors angekommen ist, erkennst du an seiner veränderten Körperhaltung und / oder Stimme.
   Aus der Position des Mentors kann der Coachee nun aktiv werden: Er gibt wohlwollende Unterstützung, er kann negativ bewertete Karten prüfen und ihren positiven Kern formulieren. Solche Reframing-Erkenntnisse werden dann auf eine neue Karte geschrieben und über die ursprüngliche gelegt.
4. Dann verlässt der Coachee die Position des Mentors wieder, bedankt sich bei ihm und verabschiedet sich. Er prüft nun selbst noch einmal die veränderten Karten aus seiner Sicht und kann weitere Veränderungen selbst vornehmen.

4.6.7 Prozessinterventionen im PP

Mit den bisher beschriebenen Prozessschritten lassen sich viele Panorama-Coachings wirkungsvoll und ergebnisreich durchführen. Wenn du dein Repertoire weiter anreichern möchtest, kannst du folgende Interventionen in deine Arbeit mit dem Persönlichkeits-Panorama integrieren.

- **„Einsteigen lassen“**
  Lass deine Klientin in Ressourcen „einsteigen“ und einen körperlichen, emotionalen Zugang zum Thema finden. Lass sie Veränderungen, die sie beschreibt, nicht nur im Bild sichtbar machen, sondern auch erleben, indem sie sich hineinversetzt.
- **„Metaphern wörtlich nehmen“**
  Metaphern sind nicht nur Sprachbilder, sie enthalten oft tiefere Bedeutungen, deren Betrachtung sich lohnt. Immer, wenn dein Coachee eine kraftvolle Metapher benutzt, frag dich (oder ihn), ob du das, was er gesagt hat, wörtlich nehmen könntest.
- **„Systemische Kettenreaktionen“**
  Eine Veränderung kann zu weiteren Veränderungen führen, ähnlich einer Reihe von Dominosteinen, bei der nur der erste Stein angestoßen wird, sich die Bewegung aber weit fortsetzt. Frag einfach danach, wie sich diese Veränderung weiter auswirkt und lass solche systemischen Kettenreaktionen wiederum sichtbar machen.

- **„Andere Perspektiven nutzen"**
  Du kannst verschiedene Rollen oder Werte miteinander in den Dialog einladen. Vielleicht kann ein Mentor unterstützen? Oder du bietest die Jokerkarte als Einstieg an, um aus anderer Perspektive auf ein Thema schauen zu lassen.

Erfahrungen aus dieser Phase

Zwischen dem Legen des ersten Bildes und dem eigentlichen Bearbeiten liegt für die Teilnehmenden eines Seminars eine Nacht. Am nächsten Tag erzählen sie in der Morgenrunde, wie es ihnen in ihrem persönlichen Prozess geht:

- Ich habe am Abend nicht mehr darüber nachgedacht und habe gut geschlafen. Und heute Morgen fiel mir plötzlich ein, was noch fehlt. Ich weiß jetzt genau, wo und wie ich anfangen will und ich freue mich schon darauf, wenn ich gleich als Coachee loslegen kann.
- Ich habe heute Morgen mein Bild schon „besucht" und beim Anschauen fiel mir auf, was noch fehlt. Damit werde ich jetzt starten.
- Ich bin gestern zufrieden und entspannt gegangen und habe mir später noch Notizen gemacht. Jetzt freue ich mich auf die nächsten Schritte.
- Ich bin heute Nacht wach geworden und wusste, es fehlt noch etwas in meinem Bild. Es fehlen noch einige meiner Stärken. Damit bin ich schon jetzt auf eine Lösung gekommen und freue mich auf ihre Umsetzung.

Insgesamt sind die Erfahrungen an dieser Stelle im Prozess ebenso individuell wie die Klient*innen selbst. Sie liegen zwischen zwei Polen:

- Manche Coachees kommen „startbereit" und bringen die erste Erkenntnis schon mit. Das Schwungrad ist bereits in Gang gesetzt.
- Andere Klient*innen haben den Prozess beendet, nicht weiter bewusst darüber nachgedacht und sind nun offen für Impulse des Coaches, um ins Bearbeiten einzusteigen.

Keiner dieser Pole ist „besser" oder verspricht einen „leichteren" oder „schwereren" Prozess. Sie sind einfach unterschiedlich.

Das Bearbeiten im Panorama erleben Klient*innen dann oft sehr intensiv:

- Das Innere spiegelt sich im Außen. Ich merke, dass alles da ist und dass ich damit sozusagen den richtigen Schlüssel habe.
- Da ging eine Dynamik los, die hat mich wirklich positiv überrascht.
- Es wurde im Prozess ganz anders als anfangs gedacht!
- Meine „Blitzkarten" waren am Ende gar nicht mehr so im Fokus. Sie waren irgendwie nicht mehr so wichtig.
- Ein Mentor war sehr hilfreich für die Veränderung in meinem Panorama.
- Das war „positiv anstrengend".
- Es war emotionaler als ich dachte ...
- Ich hatte buchstäblich das Gefühl, die Karten springen mich an! Das war ein sehr intensiver Prozess.

- Ich musste mich immer wieder reinstellen ins Bild und die Themen mit dem Körper spüren.
- Das war echt anstrengend!
- Der Einstieg fiel mir recht schwer.
- Ich war sehr froh über meine von zu Hause mitgebrachten Gegenstände, die ich ins Bild integrieren konnte.
- Ich fühle mich sehr beschwingt. Bereits gestern Abend war ich zufrieden und dachte, da wird sich nicht viel ändern. Es hat sich aber etwas wundervoll Neues entwickelt und darüber freue ich mich.
- Einiges hat sich gelöst bei mir. Neues darf jetzt entstehen … Ich erlebe mich im Prozess.
- Mein Bild darf sich in Zukunft neu sortieren und weiterentwickeln – es darf aber auch in Grundzügen so bleiben.
- Das fühlt sich ausgewogen und stimmig an – auch wenn nicht alle meiner „Blitzkarten" bearbeitet sind!
- Meine Vorfreude hat sich bestätigt – ich habe jetzt ein stimmiges Ergebnis und ein Bild, mit dem ich mich wohlfühle.

Die Coaches sind meist überrascht, wie wenig sie „gebraucht" werden – sobald das Schwungrad in Bewegung und der Prozess in Gang gekommen ist. Das bedeutet allerdings nicht, dass der Coach überflüssig ist. Er hat quasi „Rufbereitschaft" und kann jederzeit wieder aktiv in den Prozess einsteigen.

Coaches sagen dann beispielsweise:

- Ich musste es richtig aushalten, den Coachee arbeiten zu lassen und selbst sozusagen „nichts" zu machen.
- Ich habe mich als Begleiterin gefühlt.
- Ich habe festgestellt, dass ich selbst es als Klientin ganz anders gemacht hätte. Gut, dass ich mich zurückgehalten habe.
- Die „Kindersprache" war sehr hilfreich. Wie kannst du das in einfachen Worten sagen, sodass es ein Kind verstehen kann? Das ermöglicht nochmal einen direkteren, emotionaleren Zugang zu den Themen.
- Ich habe im Prozess nach einer Balance gesucht und habe sie dann gefunden: Wieviel kann ich laufen lassen und wo ist es besser, wenn ich mich aktiv einbringe?
- Wichtig ist auch, den äußeren Raum im Blick zu haben. Wenn das Bild eng an einer Wand liegt, kann man das ansprechen. Und mein Coachee hat es dann weiter weggelegt, sodass er „Raum" zum Atmen hatte.

4.7 Phase 5: Ergebnis formulieren

Die letzte Phase im Persönlichkeits-Panorama gibt dem Coachee Raum für das Ergebnis im Prozess. Dieses Ergebnis holst du auf drei Ebenen ab: Im Denken, im Fühlen und im Handeln – psychologisch betrachtet in der Kognition, der Emotion und der Motivation.

- **Kognitive Ebene:**
  Was ist dir jetzt klarer geworden? Welche Einsichten hast du gewonnen? Welche Erkenntnisse nimmst du mit?
- **Emotionale Ebene:**
  Wie geht es dir jetzt? Wie erlebst du dich anders? Welchen neuen Zugang hast du zu deinen Themen gefunden?
- **Motivationale Ebene:**
  Was möchtest du umsetzen? Welche Ziele liegen vor dir? Was wirst du konkret tun?

Ein Ergebnis des Persönlichkeits-Panoramas kann auch darin bestehen, dass du mit deiner Klientin zusammen die Themen in den Blick nimmst, um die ihr euch im weiteren Coachingverlauf kümmern wollt. Dann könnt ihr die Coachingplanung gemeinsam abstimmen.

Erfahrungen aus dieser Phase

Wie erleben Coachees den Abschluss der Panorama-Arbeit? Im Seminar kommen zum Abschluss der Arbeit Rückmeldungen wie diese:

- Ich erlebe kindliche Begeisterung – und tiefe Zufriedenheit.
- Auf einmal war alles ganz logisch und einleuchtend!
- … ich fühle mich beseelt.
- Das fühlt sich aufgeräumt an, entspannt.
- Ich habe ein Gefühl von „die Arbeit ist getan“. Ich bin zufrieden, und ich nehme einen schönen Ausblick mit.
- Die Arbeit war spielerisch und leicht.
- Ich fühle mich handlungsfähig in alle Richtungen.
- Rundum gut!
- Ich bin dankbar für so viel Fürsorge, wie ich sie in diesem Prozess von meinem Coach erfahren habe.
- Das wird weiter wirken!
- Ich bin erleichtert – und zufrieden mit mir.
- Ich fühle mich ruhig, gut integriert.

- Ich bin sehr beeindruckt von dem, was hier in so kurzer Zeit passiert ist.
- Ich bin versöhnt und zufrieden. Das stärkt mein Selbstvertrauen.
- Ich habe das Gefühl, verankert zu sein.
- Ich merke, ich habe jetzt etwas, auf das ich mich verlassen kann.

4.8 Persönlichkeits-Panorama: Die Praxis

In diesem Kapitel steht die praktische Anwendung im Vordergrund. Was brauchst du konkret? Wie genau machst du bestimmte Dinge und worauf lohnt es sich zu achten? Welche Erfahrungen schildern Coaches und Coachees nach den jeweiligen Phasen?

4.8.1 *Organisatorisches*

Zeitbedarf

Es empfiehlt sich, die zeitliche Planung bereits im Vorfeld mit dem Klienten abzusprechen, denn für das Persönlichkeits-Panorama sind Doppelstunden am sinnvollsten. In einer Einzelstunde ist die Gefahr groß, dass die Klientin mitten im Sammeln oder Sortieren und die Zeit schon zu Ende ist. Andererseits sind nach anderthalb bis zwei Stunden Coaching die meisten Coachees zwar „positiv", aber dennoch erschöpft", sowohl emotional als auch kognitiv.

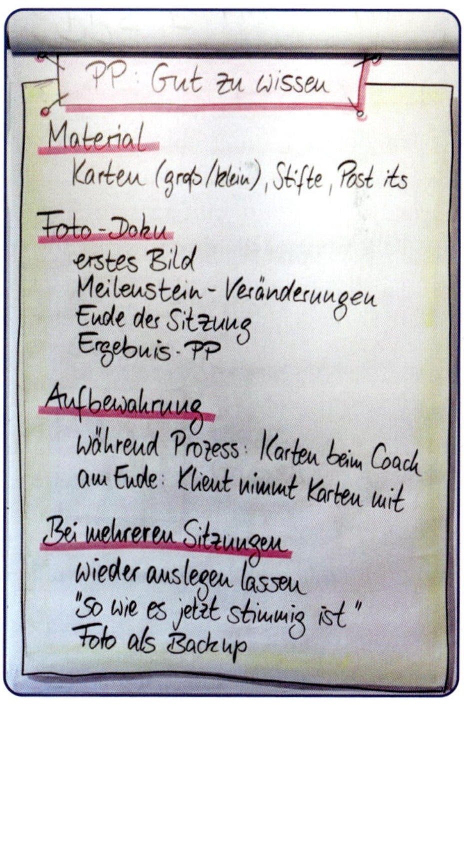

Als grobe zeitliche Orientierung:

- Wie lange die Phase der Informationssammlung dauert, variiert natürlich, je nach Klient. Ein guter Erfahrungswert ist eine Doppelstunde. Plane für die Gesprächsphase der Informationssammlung 30 bis 50 Minuten ein, für das Schreiben der Karten noch einmal so viel und dann noch etwa 20 Minuten für das Auslegen des ersten Bildes. Die erste Panoramasitzung sollte also am besten zwei Zeitstunden (plus Puffer) umfassen.

- In der nächsten Sitzung, wieder eine Doppelstunde, können dann einzelne Themen bearbeitet werden, und oft kommt die Klientin bereits zu ihrem (möglicherweise vorläufigen) Ergebnis.
- Wenn ihr weitere Coachingsitzungen vereinbart habt, werden die Klient*innen immer wieder Bezug auf das Persönlichkeits-Panorama nehmen. Im Abschlussgespräch eures Coachings kannst du es noch einmal dazuholen, vielleicht sogar mit der Möglichkeit, die gemeinsam erarbeiteten Ergebnisse ins Bild zu integrieren.

Ein weiterer Aspekt bei der zeitlichen Planung der Sitzungen: Meine Klienten bekommen von mir generell die Empfehlung, sich etwa eine halbe Stunde Puffer am Ende unserer Termine einzuplanen, damit wir gegebenenfalls auch länger arbeiten könnten, wenn es sich aus dem Prozess heraus ergeben sollte. (Für manchen eng getakteten Kalender durchaus eine Herausforderung – doch meiner Erfahrung nach eine enorm lohnende.) Außerdem bitte ich meine Klienten, sich danach möglichst noch eine weitere terminfreie Stunde einzuplanen, denn manche Coachingprozesse wirken nach, und diese Wirkung lässt sich steigern, wenn der Klient nicht direkt ins nächste Thema „springen“ muss.

Material

Karten gibt es in unterschiedlichen Größen, Formen und Farben. Die sogenannten Moderationskarten im Format 20 cm x 10 cm sind handlich, stabil und bieten genügend Platz, um darauf zu schreiben. Sie brauchen aber auch Raum zum Auslegen. Falls weniger Platz zur Verfügung stehe, empfehle ich Blanko-Karteikarten im Format DIN A6, die es auch in unterschiedlichen Farben gibt. Falls der Klient gerne andere Formen nutzen will, legst du eine Schere bereit.

Es lässt sich zudem anderes Material in beliebiger Menge integrieren. Das können Dinge sein, die du in deinem Coachingraum hast, oder es ist etwas, das die Klientin von zu Hause mitgebracht hat. Pausenzeiten kann sie einerseits für einen Spaziergang nutzen, um den Kopf für die nächste Phase frei zu bekommen, sie kann andererseits aber auch Blätter, Steine und anderes Naturmaterial sammeln.

Weiterhin brauchst du Stifte mit genügend dicker Strichstärke, sodass sich die Karten auch aus einiger Entfernung noch gut lesen lassen. Post-its gibt es in verschiedenen Farben und Formen, und sie bieten zusätzliche Variationsmöglichkeiten – sie sind aber nur zum Markieren oder Illustrieren gedacht, nicht als „Mosaiksteine“.

Hinweis: In Kapitel 4.4 (S. 75) findest du ergänzend noch einen Kasten zum Thema „Material“.

Fotodokumentation

Welche Fotos sind im Prozess empfehlenswert? Auf alle Fälle empfiehlt es sich, dass du das erste Panorama dokumentierst – sobald es liegt. Das gilt auch für das Schlussbild, das das Ergebnis darstellt. Doch auch Zwischenschritte kannst du fotografisch dokumentieren, sinnvollerweise solche, die größere Veränderungen zeigen. Fotografiere diese Etappen und Meilensteine. Oft geht damit eine gute Gelegenheit einher, durchzuatmen, kurz Pause zu machen und dann fokussiert weiterzuarbeiten.

Aufbewahrung

Mit vielen Klienten wirst du in der ersten Panoramasitzung bis zum „ersten Bild“ kommen. Die Karten liegen dann im Persönlichkeits-Panorama. Doch bevor ihr gemeinsam daran weiterarbeiten könnt: Wo bleiben die Karten bis zur nächsten Sitzung? Und wer legt sie zu Beginn dieser Sitzung wieder aus?

Ich empfehle, dass die Karten bis zum Abschluss der Panorama-Arbeit bei dir, also beim Coach bleiben. Halte den Stand am Ende der Sitzung fotografisch fest und lass den Coachee danach die Karten einsammeln. Meistens macht auch der Coachee ein Foto, sodass ihr es beide auf euren Geräten habt und du es dem Coachee nicht per Mail schicken musst (was du tun kannst, wenn nur du fotografiert hast). Für die vom Klienten eingesammelten Karten hast du am besten ein sicher verschließbares Behältnis bereit, in dem sie bis zur nächsten Sitzung aufbewahrt werden. Hierfür eigenen sich z. B. sehr gut transparente Dokumententaschen aus Kunststoff im Format DIN-A4, die mit einem Druckknopf verschlossen werden, quasi wie ein großer, durchsichtiger Briefumschlag. Der Klient bekommt sein Foto mit dem Zwischenergebnis, doch die Karten bleiben bei dir. Auf diese Weise ist sichergestellt, dass sie in der nächsten Sitzung zur Verfügung stehen und nicht etwa vom Coachee zu Hause vergessen wurden. Damit ist auch klar, dass der eigentliche Arbeitskontext in den gemeinsamen Sitzungen verortet ist, und das wiederum entlastet den Coachee.

Wenn ihm in der Zwischenzeit Gedanken, Erkenntnisse oder Fragen zum Panorama kommen, kann er diese in seinem „Coachingbuch“ notieren. Ein solches Büchlein empfehle ich allen meinen Klient*innen bereits in der ersten Stunde unserer Zusammenarbeit – unabhängig von der gewählten Coachingmethode. Der Klient übernimmt damit ganz konkret ein Stück Selbstverantwortung für sich und seine Erkenntnisse, die ja nicht nur im Coaching auftauchen, sondern oft in ganz alltäglichen

Eine Woche später arbeitet es immer noch in mir nach und weitere Schlüssel sind mir bewusst geworden. Auch im Zusammenhang mit weiteren Rollen, die ich innehabe (und gar nicht im Bild hatte) und die ja wiederum im Großen und Ganzen, im System eben, wirken. Die Herausforderung liegt jetzt in der Umsetzung, die ich Schritt für Schritt angehen möchte. Ich bin mir sicher, dass mich mein Bild noch lange begleiten wird. DANKE!

Das PP fühlt sich an wie ein kleines Mosaik meines Lebens – mit all seinen aktuellen Fragen, Baustellen und Wünschen für die Zukunft. Es wurden Zusammenhänge deutlich, die mir vorher so nicht bewusst waren. Vor allem kann ich spüren, welche Rollen nicht mehr passen oder eine neue Überschrift brauchen. Und an welchen Stellen ich mehr Freiraum benötige, damit neue Räume und Rollen entstehen und sich entfalten können. Der Blick auf wichtige Erfahrungsschätze, persönliche Werte, Ressourcen und Kraftquellen ermutigt mich, die nächsten Schritte zu gehen.

4.8.3 Persönlichkeits-Panorama = Präsenzcoaching

Auch wenn Onlinecoaching sehr wirksam sein kann, effizient und ressourcenschonend: Das Persönlichkeits-Panorama braucht auf jeden Fall eine Begegnung in Präsenz – die Teil eines hybriden Coachings sein kann.

Schon das Vorgespräch öffnet so viel mehr und wirkt intensiver, wenn Coach und Coachee im selben Raum sitzen. Auch wenn es inzwischen zahlreiche hochwertige Online-Visualisierungen gibt, so ersetzt doch nichts das „echte" Schreiben der Karten. Die haptische, konkrete Erfahrung, die eigene Handschrift, das Erleben, wie der Stapel Karten allmählich wächst. Wie man sie dann eine nach der anderen auslegt und sich ein Bild entwickelt, in das man buchstäblich „einsteigen" kann – das lässt sich mit keinem digitalen Tool auch nur annähernd nachbilden. Selbstverständlich kann man am Ende der Panorama-Arbeit wieder ins Onlinecoaching wechseln, in dessen weiterem Verlauf ein Foto des Panoramas auch online genutzt werden kann.

4.8.4 Erfahrungen von Coachees mit den (Nach-)Wirkungen des Coachings

Nadine

Meine Erwartungen an das Persönlichkeits-Panorama waren nicht sonderlich hoch. Zum einen hatte ich keine offensichtlichen persönlichen Themen zu bearbeiten, zum anderen fühlte ich mich bis zum Zeitpunkt des Seminarstarts nicht besonders angesprochen oder mir fehlte einfach die Vorstellungskraft. Dennoch war ich aufgeschlossen und blieb zuversichtlich, dass es irgendein Ergebnis geben würde.

Umso erstaunlicher war für mich die intensive Wirkung, als es an die Umsetzung ging. Die zwei Tage habe ich als extreme innere Arbeit mit wahnsinnigem Tiefgang erlebt. Mein Innerstes und mein Wissen über mich (von dem ich dachte, ich sei mir dessen bewusst) haben sich plötzlich aus einzelnen Fetzen, getragen von Elefant und Reiter, sichtbar zu einem Bild geformt und wie ein Puzzle zusammengesetzt, das MICH mit all meinen Facetten und Besonderheiten zeigte.

Das Gefühl, mich selbst so klar zu sehen, war überwältigend und hat ein wahres „Synapsenfeuerwerk" ausgelöst, das Verbindungen hergestellt und unerwartete Impulse für neue, logische und einfach geniale Möglichkeiten in meinem Leben eröffnet hat.

Ich bin nach wie vor unbeschreiblich begeistert und spüre, wie nachhaltig diese Erfahrung für mich ist.

Abbildung 4.1: Das Persönlichkeits-Panorama von Nadine – vorher und nachher

Manuela

Völlig unbedarft, aber mit großen Erwartungen bin ich an mein Persönlichkeits-Panorama herangegangen und habe mir eine meiner vielen Rollen herausgesucht, um ein tieferes Verständnis der eigenen Person in eben dieser Rolle zu erlangen. Nach einer Einführung in das Prinzip und den Ablauf des Persönlichkeits-Panoramas hatte mein Kopf eine konkrete Vorstellung – und es kam ganz anders ….

Selbsterkenntnis und **Selbstreflektion** sind die beiden Schlagworte, die ich mit dem Persönlichkeits-Panorama in Verbindung bringe. Ehrlich zu sich selbst sein, Themen identifizieren, die ich verbessern möchte oder an denen ich wachsen kann. Niemals zuvor in meinem Leben habe ich mein Innerstes so nach vorne geholt, und gleichzeitig wurde ich von der unglaublich positiven Vielfalt all dieser Eigenschaften und Ansichten überrascht.

Überraschende Erkenntnisse mit einfachen Methoden und ein traumhaft leichtes Lebensgefühl nach erfolgreichem Abschluss des Persönlichkeits-Panoramas, auch Tage später.

Fazit: So ein Persönlichkeits-Panorama hat definitiv positives Suchtpotenzial und schreit förmlich nach Wiederholung.

Abbildung 4.2: Das Persönlichkeits-Panorama von Manuela – vorher und nachher

Felicitas

Ich habe mich für den Fokus „Rollenklärung" entschieden: von der Klavierlehrerin zum Piano-Coach.

Am ersten Tag gelang es spielerisch, die Karten zu schreiben und zu sortieren. In dem Gebilde zeigte das durchkreuzte Wort „Klavierunterricht" oben links in das Bild und das Ganze kippte nach unten rechts weg. Das Wort, das ich nicht mehr haben wollte. Das Wort, das scheinbar das ganze Bild in Schieflage zu bringen vermochte.

Meine Haltung zum gelegten Bild war an diesem ersten Abend neutral.

Am zweiten Tag lagen die Karten da und einige Worte sprangen mich an: „PP-Coach", „Piano Coach", „Ich lebe meine Aufgabe", „authentisch klar". In meinem Kopf führten meine konditionierten Gedanken einen wilden Tanz auf: „Eigentlich bin ich doch klar. Dennoch flutscht es einfach nicht." Zweifel machten sich wieder breit: „Ich denke immer wieder alles durch, probiere verschiedene Ansätze aus, um mein Angebot zu zeigen, und nix (sehr wenig) passiert. – Ich kann es viel zu wenig leben aufgrund sehr weniger Kunden usw. ..."

Ich stand auf einmal enorm unter Druck. Hatte eine Mauer um mich. Fing an, hin und her zu laufen, alles aus mir rauszulassen, Gedankenchaos sprudelte. Dann spürte ich plötzlich den Boden unter meinen Füßen und kam zum Stehen. Das war der Moment für Nadine, meine PP-Partnerin, mich wieder zu erreichen. Ohne auf Ebenen zu achten, fing ich an, alles neu zu sortieren und zu ergänzen. Ich war wieder in Kontakt mit mir. Dann lag das Bild da. Neu. Geordnet. Und Nadine gab den Impuls, ins Bild einzusteigen. Ein intuitiver Schritt und da stand ich nun auf meinen Worten: „PP-Coach, Piano-Coach, selbstbestimmt, sich selbst treu bleiben".

Prompt überflutete mich ein starkes Gefühl des Angekommenseins, eine kraftvolle Ruhe durchströmte mich. Ich war wie fest gesogen auf dem Boden. Ein starker Anker, den ich heute noch erinnern und fühlen kann. Ein Geschenk. Direkt rechts neben meinen Füßen „Pioneer", hinter mir „Ich lebe meine Aufgabe", vor mir „Ich bin in meinen Elementen", darüber „Vertrauen ins Leben", rechts neben diesen beiden Karten der Joker, der zum „ängstlich beäugten finanziellen Standbein" und zur „Sicherheit" führte. Faszinierend, dass ich ausgerechnet dort stand!

Für mich hat sich gezeigt: „Wenn du ins Leben vertraust, du in deinen Elementen bist, dann wird auch das Geld fließen und dir die gewünschte Sicherheit ermöglichen (Wohnung, Essen etc. bezahlen zu können). – Ich bin in meinen Elementen, wenn ich meine Berufung lebe." Was für ein Wendepunkt! Wow!

Der „Klavierunterricht" lag nun unten rechts vom Bild und zeigte, mit einem klaren Bergkristall veredelt (Danke für deinen Impuls, liebe Daniela!), in das Bild und war nicht mehr durchgestrichen. Er lag so, dass er wirklich zum Bild dazu gehört. Der Bergkristall symbolisiert die wertvollen Erkenntnisse aus der Zeit des Klavierunterrichts, die den Weg bis hierher geebnet haben: Angefangen beim Klavierunterricht, dem Klavierspiel, der Spieltechnik, Harmonielehre und dem Spielen mit den Fingern, den Tasten und den Noten, dem Spüren und dem Nutzen von Kompositionen für sich selbst bis hin zum Transfer: „Musik, freies Spiel mit Tönen oder auch Noten, als Türöffner, um Verbindung zu wagen und Resonanz mit sich zu spüren – für sich selbst, in Gruppen, Organisationen, Stiftungen und Unternehmen."

Das Bild veränderte sich von einer nach links abfallenden Diagonalen in eine Form, die ich zunächst als Pfad interpretierte. Als Pfad, der für mich stimmig ist. Mit einem Kern, der mich trägt: PP-Coach und Piano Coach. Ein Bild, das mich bestätigt und ermutigt: „Gehe weiter und führe Gespräche! Geh in Kontakt, außerhalb von Social Media!"

Heute sehe ich in der Bildstruktur auch ein Ausrufezeichen! Es mag nicht ganz in Balance sein, doch auch manch mächtige Eiche wächst optisch unausgeglichen, krumm und schief und ist doch in Balance.

Sehr schön finde ich für mich, dass der Pfad mit „Liebe zur Natur und Musik" beginnt und in Richtung Fenster mit „natürlich" öffnet, vorbereitet durch „inneren Frieden", „innere Freiheit" und „Heilkraft der Musik & Natur".

Gänsehaut, weil es sich intuitv ergeben hat. Nein, ich trete nicht auf der Stelle. Eintrainierte Gedankenstrukturen poppen nur immer wieder hoch. Alte, durch jahrelange Wiederholung gefestigte Gedanken. Ich gehe Schritt für Schritt weiter. Und wenn es nur einen Millimeter vorwärts geht.

Meine Haltung zu dem Bild ist nun höchst persönlich und positiv aufgeladen. Es hilft mir. Ich denke, dass ich das Panorama gerne weiter ergänzen möchte. Denn so, wie es da liegt, sind das „Wofür und Wer" übergewichtet und das „Wie und Was" untergewichtet. Und ohne Tun kommt nichts in Bewegung.

47 Karten inkl. Bilder:

26 % (11 + 1) Wer – Sein – Identität

43 % (19 + 1) Wofür – Wollen – Werte / Glaubenssätze

19 % (9) Wie – Können – Fähigkeiten, Gefühl, Denken

13 % (3 + 3) Was – Tun – Ausdruck / Sprechen / Verhalten / Wahrnehmen

Wenn ich jetzt länger draufschaue, könnte ich vielleicht auch die Karten den Ebenen / Farben neu zuordnen. Ich glaube, wenn ich mir ab und an das Persönlichkeits-Panorama hervorhole, lässt sich immer wieder Neues finden. Und vielleicht mag ich dann das eine oder andere auch ändern.

Fazit: Die Methode wirkt und sie hat mir aufgezeigt, was schon da ist, worauf ich bauen kann: mein Fundament. Und Bauen ist Tun – Handlungsfähigkeit. Letztlich war und ist es eine Bestätigung für meinen Pfad. Ich weiß, wer ich bin, was ich kann und wo mein Platz ist. Das klingt ein bisschen arrogant. Ich meine damit, dass ich durch das Persönlichkeits-Panorama eine Klarheit gefunden und eine innere Kraft erlebt habe, die mich begleiten werden.

Das PP ist eine intensive Methode, die Überraschungen bereithält, den Blick weitet, das Selbstverständnis enorm schärft und dadurch Zuversicht ermöglicht. Mir gefallen besonders das spielerische und das intuitive Element, die beide zusammen für so viel Klarheit sorgen. Auch der Raum zum Nachwirken zwischen Tag 1 und Tag 2 war und ist aus meiner Sicht sehr wichtig. Sicher wird sich dieses Bild stetig verfeinern und erweitern. Ich bleib dran. Was nun? Einfach öfter daran erinnern – das könnte schon helfen und meine Haltung und mein Verhalten richtungsweisend beeinflussen.

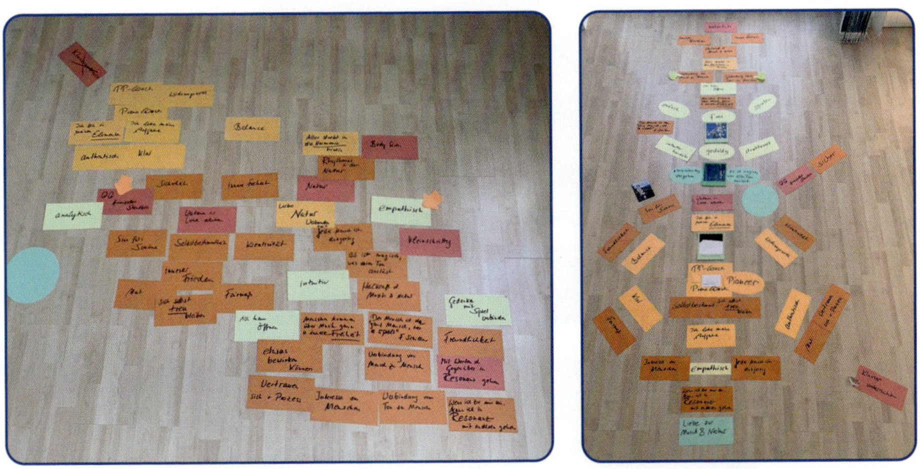

Abbildung 4.3: Persönlichkeits-Panorama von Felicitas – vorher und nachher

4.8.5 Was sagen erfahrene Coaches zu ihrem eigenen Panorama?

Eine 73-jährige Teilnehmerin, die noch als Coach aktiv arbeitet, hat die Wirkung des Persönlichkeits-Panoramas so beschrieben:

Susanne M.

Ich durfte bei Dr. Daniela Blickhan erste Erfahrungen mit dem Persönlichkeits-Panorama machen. Mich interessierte dieses Tool grundsätzlich und ich wollte auch mich selbst noch besser kennenlernen.

Die Entwicklung meines Bildes mit den diversen Ergänzungen, die immer wieder dazukamen, war einfach genial. Ich war und bin begeistert von den vielen Erkenntnissen in der kurzen Zeit.

Ich freue mich schon jetzt, dieses für mich praxisnahe Tool in meinen Business-Beratungen und Coachings einzusetzen und bin überzeugt, dass es auch für meine Klient*innen sehr interessant, effizient und zielführend sein wird.

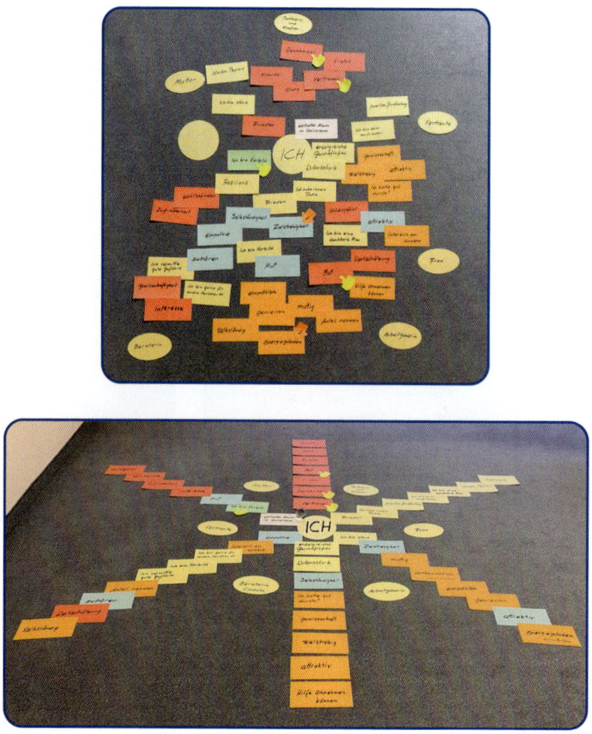

Abbildung 4.4: Persönlichkeits-Panorama von Susanne M. – vorher und nachher

Katrin Busch-Holfelder: „Äußere Klarheit sorgt für innere Klarheit“

Das Persönlichkeits-Panorama begeistert mich, obwohl ich bereits über einen großen Coaching-Methodenkoffer verfüge. Auf strukturierte und einfache Weise werden eigene Verhaltensweisen, Fähigkeiten, Werte, Interessen, die eigene Umwelt und die eigene Identität erarbeitet. Auch das große Ganze wird miteinbezogen, was mich besonders angesprochen hat.

Die bildliche Darstellung meines Ist- und Soll-Zustands, ohne es in der Aufgabenstellung explizit so zu betiteln, ist eine smarte Herangehensweise. Der Coachingprozess gibt genug Freiraum, um den eigenen Zugang zur Visualisierung zu finden.

Für mich war die größte Erkenntnis, dass im Grunde alles da ist. Im Vorfeld dachte ich, ich hätte ein klares Bild, doch im Nachhinein erwies es sich im ersten Schritt eher als eine grob strukturierte Vielfalt und Menge, die kaum zu bewältigen war. Das finale Panorama zeigt mir den Unterschied: Es stellt sich nun geordnet, aufgeräumt mit viel Raum und Platz dar, hat eine klare Aussage über meine Identität und das fühlt sich rundum gut an.

Dadurch, dass zwei Bilder gelegt werden, kam für mich schon automatisch eine Bewegung in die Themen. Die Klarheit des Persönlichkeits-Panoramas hat mich beeindruckt. Das „eigentliche Sortieren“ habe ich jetzt durch die Visualisierung vor Augen. Und es ist nun viel leichter, die nächsten Schritte zu gehen und der eigenen Identität wieder ein Stück näher zu kommen.

Wolfgang H.: Trainer, Coach und Wildwasser-Paddler

Obwohl mir das Legen meines ersten Bilds recht leicht von der Hand ging, war ich nicht besonders angetan oder gar euphorisiert von dem, was ich da sah. Ganz im Gegenteil, ich empfand es eher als „langweilig“.

Abbildung 4.5: Tag 1

Warum? Na ja, ich habe mich mit diesem Thema schon gefühlt hunderte Male auseinandergesetzt. Und immer wieder bin ich an denselben – schier unüberwindlichen – Hürden hängengeblieben. Für mich hatte sich erstmal nichts wesentlich Neues ergeben. Bis auf die Karte auf dem Mülleimer war es ein eher unaufgeregtes

2-D-Bild. Zum Glück ist Zuversicht eine meiner größten Stärken. Und so ging ich entspannt in den Abend, weil Daniela ja versprochen hatte: „Da wird bis morgen noch etwas passieren …“

Für mich als „Eule“ löste sich die Abendessenrunde viel zu schnell auf. Deshalb beschloss ich, an diesem lauen Sommerabend noch eine Runde zu biken. Im Moos angekommen bot sich mir eine einzigartige Lichtstimmung. Vor der untergehenden Abendsonne tauchten auf den Waldlichtungen immer wieder Rehgeißen mit ihren Kitzen im lichten Nebel auf. Als ehemaliger Student der Wildbiologie ging mir das Herz auf. Und offenbar ebenso mein Neocortex, getriggert vom limbischen System.

Ohne darüber nachgegrübelt zu haben, wurde mir spontan klar, dass ich viel mehr Emotionalität in das Bild reinbringen müsste. Noch bevor ich wieder im Hotel angelangt war, wusste ich was am kommenden Morgen zu tun war.

Verbinde dieses Projekt mit Utensilien, die dir sehr viel bedeuten und Spaß bringen.

Und rein „zufällig“ hatte ich meine komplette Wildwasser-Paddelausrüstung im Auto dabei …

Am nächsten Morgen wachte ich mit guter Stimmung auf und schleppte meine Ausrüstung samt SUP-Board in „meinen“ Raum, in den zweiten Stock. Ich konnte es jetzt kaum erwarten, weiter an meinem PP-Bild zu arbeiten.

Im Lauf des Vormittags fanden immer mehr Teile aus meinem Equipment einen sinnvollen Platz in dem ungewöhnlichen Konstrukt.

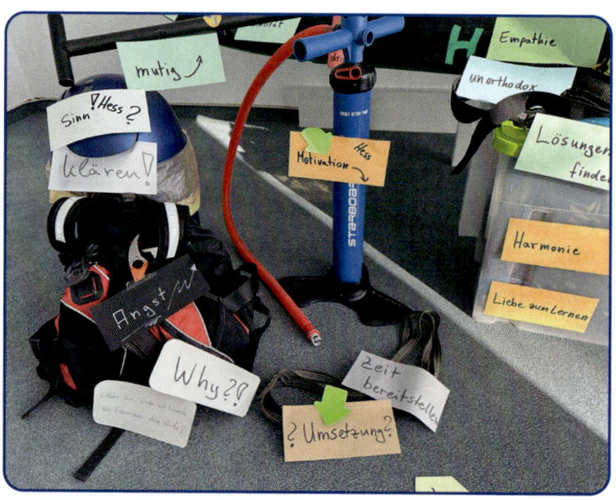

Abbildung 4.6: Tag 2 (Detail)

Ich sehe mich selbst als einen eher wenig kreativen Menschen, aber jetzt kochte gerade diese Stärke so richtig hoch. Völlig neue Einsichten kamen zutage und neugierig betrachtete ich mit Unterstützung meines Coaches jedes neue Detail. Noch am Vortag hätte ich nicht gedacht, wie nützlich all diese Utensilien für ein tieferes Verständnis sein würden. Ich war voller Euphorie und die Langeweile von Tag 1 war längst einem enthusiastischen „Schaffen & Gestalten“ gewichen.

Wenn man das Prinzip des Persönlichkeits-Panoramas verstanden hat, kann man es sicherlich für sich allein durchführen. Doch bei meinem Projekt habe ich erlebt, wie wertvoll es sein kann, einen guten Coach an meiner Seite zu haben.

Dazu ein konkretes Beispiel: Beim Erzählen sagte ich eher beiläufig: „Da ist die Luft längst raus.“ Darauf der Coach: „Und wo ist die *Luft* jetzt hin?“ Ich verstand nicht so recht, was sie mit der Frage bezweckte. Das war doch nur so eine Redewendung von mir …

Mein Coach lächelte und schaute in Richtung des umfangreichen Gebildes. Und endlich, nach langem Rätseln, fiel es mir wie Schuppen von den Augen: Oh ja, die Luft war jetzt in meinem SUP-Board. Dieses bildete mittlerweile die stabile Basis meines Herzensprojekts. Und mit dieser Erkenntnis wurde die Bedeutung nochmal deutlich verstärkt.

Abbildung 4.7: Tag 2 (Gesamtansicht)

Die meisten von uns kennen wohl die psycho-logischen Ebenen (nach R. Dilts). Von unschätzbarem Wert kann dann ein empathischer Coach sein, der zur richtigen Zeit „kitzelt":

- „Wie machst du denn das?"
- „Wofür steht …?"
- „Wer wirst du dann sein?"

Was habe ich aus meinem ersten Panorama gelernt?

- Traut euch, die alten verstaubten Themen rauszukramen.
- Ruhig etwas mutig sein und auch etwas ungewöhnliche Utensilien ins Bild einbauen.

Seid gespannt, was sich, förmlich über Nacht, an Neuem ergeben kann.

5. | Was ein Motto ermöglichen kann

Ziele sind zentral im Coaching. Im Persönlichkeits-Panorama jedoch stehen sie nicht am Anfang des Prozesses, denn die Methode ermöglicht eine Inventur des Selbstbilds. Wir schauen also auf das, was ist, nicht auf das, was sein sollte. Zum Abschluss der ganzheitlichen Prozessarbeit im Persönlichkeits-Panorama formulieren die Klient*innen aber häufig Ziele, die sie nun mit ihren neu gewonnenen Erfahrungen und Einsichten erreichen möchten. Und deshalb schauen wir abschließend noch einmal auf Ziele: Was sie ausmacht, was sie bewirken können und auch darauf, warum es manchmal sinnvoller sein kann, statt eines Ziels ein Motto zu formulieren.

5.1 Was ist ein Ziel?

Ziele sind erwünschte Zustände in der Zukunft, die wir kognitiv repräsentieren.

- Als innere Bilder sind sie visuell repräsentiert.
- Ziele lassen sich in Worte fassen und sind dann verbal repräsentiert und kommunizierbar.
- Schließlich sind Ziele immer auch mit einem Gefühl verbunden und damit emotional repräsentiert.

Die Forschung zeigt, dass vielschichtig repräsentierte Ziele leichter erreichbar sind. Warum? Das menschliche Gehirn hat sich im Lauf der Evolution so entwickelt, dass es optimal lernen kann, wenn es Informationen aus den fünf Sinnen nutzt (vgl. Shams und Seitz 2008). Ein „multisensorisches“ Ziel besteht aus einer klaren Zielformulierung in einem prägnanten Satz, einem klaren Bild bzw. Film vom Moment der Zielerreichung und dem entsprechenden, auch körperlich erlebten Gefühl.

Ziele unterscheiden sich in ihrem zeitlichen Bezug (kurz-, mittel-, langfristige Ziele) und ihrer Differenziertheit (vage vs. spezifische Ziele, Ziele mit Teilzielen). Sie variieren auch in ihrer Komplexität (große, vielschichtige vs. kleine, einfache Ziele) und dem Grad der Wichtigkeit, die der Zielerreichung beigemessen wird.

Darüber hinaus gibt es noch einen wesentlichen qualitativen Unterschied in der Zielrichtung: Beruht das Ziel auf dem Prinzip der Annäherung oder der Vermeidung? Dies steht in unmittelbarem Zusammenhang mit der Wahrscheinlichkeit der Zielerreichung.

- **Annäherungsziele** („hin zu") lassen sich leichter erreichen, weil der Zielzustand klar beschrieben werden kann, z. B.: „Ich schließe das Projekt X erfolgreich ab." Sie lassen Vorfreude entstehen und aktivieren das Annäherungs- und Belohnungssystem.
- **Vermeidungsziele** („weg von") können dagegen nie wirklich erreicht werden. Es lässt sich nur für den Moment sagen, dass der unerwünschte Zustand zwar derzeit nicht vorhanden ist – zum Beispiel „Ich will unangenehme Aufgaben nicht mehr vor mir herschieben" –, doch er könnte ja jederzeit wieder eintreten. Deshalb führen Vermeidungsziele zu Wachsamkeit und Unruhe. Sie aktivieren das Vermeidungs- oder Bestrafungssystem und verringern auf Dauer unser Wohlbefinden.

Wirksame Ziele sind:

- attraktiv und passen in das eigene Wertesystem,
- positiv formuliert und aktivieren das Annäherungssystem statt des Vermeidungssystems,
- multisensorisch repräsentiert und nutzen die Ressourcen unseres Gehirns optimal.

Um Ziele zu erreichen, brauchen wir erstens die grundlegende Ausrichtung, die in der Zielformulierung zum Ausdruck kommt. Zweitens ist es notwendig, dass wir uns auf den Weg zum Ziel machen und drittens, dass wir dann auch dabeibleiben, bis das Ziel erreicht ist. Das gilt ganz besonders für langfristige Ziele und für den Aufbau neuer, guter Gewohnheiten. Um ein solches Ziel zu erreichen, müssen alle unsere inneren Prozesse sozusagen an einem Strang ziehen und das Handeln unterstützen. Denken, Fühlen und Wollen – psychologisch gesagt: Kognition, Emotion und Motivation – wirken dann zusammen und führen zum nachhaltigen Handeln. Dann sehen wir Fortschritt und erleben Veränderung, was uns wiederum beflügeln kann. Es entsteht ein positiver, selbstverstärkender Kreislauf der Motivation. Wir erleben Rückenwind auf dem Weg zur Zielerreichung und sehen Ergebnisse.

Diese stetige Motivation auf dem Weg zum Ziel ist ein wichtiger Faktor für die Zielerreichung. Der Psychologie Rick Snyder benannte in seiner Theorie der Zuversicht („Hope Theory", Snyder 2002) drei Faktoren, die uns auf dem Weg der Zielerreichung Rückenwind geben:

- Denken in Zielen: positive, attraktive Annäherungsziele
- Denken in Wegen: Wenn wir viele mögliche Wege kennen, können wir bei einem Hindernis auf einem Wegabschnitt leichter einen alternativen Weg einschlagen.
- Denken in Wirksamkeit: Wenn ich mich auf den Weg zum Ziel mache, mich auch von Hindernissen nicht entmutigen lasse und meine Erfahrungen konstruktiv einordne, dann kann ich Gewohnheiten aufbauen, die mich langfristig zum Ziel führen.

Ziele sind örtlich und zeitlich verankert. Bei einer klaren Zielformulierung ist immer das „Wann" und „Wo" enthalten. Wir können damit prüfen, ob und wie wir uns dem Ziel nähern oder ob wir uns von ihm entfernen. Ziele machen Fortschritt messbar.

Und genau das kann manchmal zum Problem werden.

6. Anwendungen

6.1 Einzelcoaching mit Erwachsenen und Jugendlichen

Am häufigsten findet das Persönlichkeits-Panorama Anwendung im **Einzelcoaching mit Erwachsenen**. Das umfasst einerseits das sogenannte **Life-Coaching**, in dem Menschen ihre persönlichen Themen besprechen, Ziele klären und Ressourcen aktivieren, andererseits aber auch das **Business-Coaching**, das sich auf berufliche Themen fokussiert. Im Businesskontext wirkt die Arbeitsmethodik im Persönlichkeits-Panorama sehr vertraut: Es wird visualisiert, geclustert, priorisiert, (um-)bewertet. Deshalb ist in diesem Feld die Akzeptanz für diese Art des Arbeitens sehr hoch. Inhaltlich eignet sich das Persönlichkeits-Panorama beispielsweise, um eine neue (Führungs-)Rolle vorzubereiten oder um einen Karriere- oder Entwicklungsschritt zu begleiten.

Auch in der **Psychotherapie** lässt sich das Panorama einsetzen, speziell in der Phase der Stabilisierung der erzielten Erfolge. Wichtig für den Einsatz des Panoramas ist eine hinreichende Ich-Stärke des Klienten, also ein stabiles Identitätserleben. Bei dissoziativer Symptomatik ist das Panorama (ebenso wie andere Formen der Arbeit mit inneren Anteilen) nicht bzw. nur unter der Anleitung eines erfahrenen Therapeuten einzusetzen.

Als Inventur oder Standortbestimmung eignet sich das Panorama nicht nur für Erwachsene, es lässt sich auch mit **jungen Menschen** im Kontext der Ausbildungs- oder Berufswahl hervorragend einsetzen. Mit dem Persönlichkeits-Panorama können Jugendliche oder junge Erwachsene Zugang zu ihren Stärken und Kraftquellen finden: „Was habe ich alles in mir?“ „Was kann ich gut?“ „Was ist mir wichtig?“ „Wer bin ich schon – wer möchte ich sein oder werden?“ Und je „erwachsener“ der jugendliche Klient ist, desto eher können wir methodisch so arbeiten, wie ich es bisher in diesem Buch beschrieben habe.

6.2 Einzelcoaching mit Kindern

Je jünger der Coachee, desto mehr müssen wir naturgemäß eine Methode altersgerecht anpassen, um das Kind damit nicht zu überfordern. Ich habe im Lauf der Jahre einige Fallbeispiele gesehen, wie das Persönlichkeits-Panorama erfolgreich mit Grundschulkindern im Alter zwischen sechs und zehn Jahren eingesetzt wurde. Das hat mich durchaus überrascht, denn als ich das Persönlichkeits-Panorama vor mehr als 20 Jahren entwickelt habe, konnte ich mir selbst noch nicht vorstellen, dass sich diese komplexe Methode auch für Kinder eignen würde. Doch immer wieder haben mir Teilnehmende im Rahmen ihrer Ausbildungs-Projektarbeiten überzeugende Beispiele für den erfolgreichen Einsatz mit Kindern vorgestellt. Im Prinzip nutzten sie die Methode so, wie sie hier im Buch beschrieben wird. Bei der Umsetzung der Schritte gab es jedoch leichte Anpassungen an das Alter und den Entwicklungsstand des Kindes. Und natürlich wurde in kleineren Zeiteinheiten gearbeitet; nicht in Stunden wie mit Erwachsenen, sondern eher in halben Stunden.

Hier ein Überblick zur Durchführung des Persönlichkeits-Panoramas mit einem Kind im Grundschulalter:

- **Was ist der Anlass?**
  Ein Coaching mit einem Kind wird immer zu einem spezifischen Anlass stattfinden. Vielleicht steht ein Schulwechsel bevor, der dem Kind Angst macht. Vielleicht gab es eine Trennung oder die Familie ist umgezogen und es braucht nun Hilfe beim Einleben in die neue Umgebung.

- **Worum geht's?**
  Auch jüngere Kinder können schon beschreiben, was sie sich wünschen und was ihr Ziel ist. Das ist dann der Auftrag fürs Coaching.

- **Rollen benennen und erkunden**
  Je jünger das Kind, desto mehr kann man ihm helfen, die eigenen Rollen ausfindig zu machen: „Du hast verschiedene Seiten. Du bist Sohn / Tochter, Bruder / Schwester, Freund / Freundin, Schulkind, Erfinder, Sportlerin usw."
  Jüngere Kinder bekommen leichter Zugang zu ihren Rollen, wenn sie sich selbst zeichnen dürfen oder Szenarien mit Playmobil oder Lego nachbauen.
  Und dann lässt man das Kind sozusagen „nebenbei" darüber erzählen, wer es in dieser Rolle ist, was es gut kann oder gerne macht. Schreib als Coach einfach mit – und schon ist die Infosammlung ganz entspannt im Gange.

- **Mosaiksteine sammeln**
  Je nachdem, wie gut das Kind selbst schreiben kann (oder mag), kann man die Karten auch gemeinsam schreiben. Vielleicht wird dabei auch gezeichnet oder es kommen Lego- oder Spielfiguren ins Bild hinein.

- **Das Bild entstehen lassen**
  Das Bild legen zu lassen ist meist sehr einfach. Spannender wird es schon, wenn es darum geht zu erfahren, was das Bild bedeutet. Hier ist je nach Alter des Kindes Geduld gefragt, vielleicht auch stellvertretendes Versprachlichen, also implizite Gefühle und Bewertungen in Worte fassen und gemeinsames Entwickeln der Bedeutungsfacetten. Metaphern helfen dabei enorm. Und der persönliche Lieblingsheld kann dann auch als Mentor unterstützen und einen Rat geben, wie das Kind am besten mit den „Blitzthemen" umgehen kann.

- **Ressourcen nutzen**
  Für jüngere Kinder ist es möglicherweise etwas zu komplex, die für ein Thema passenden Ressourcen innerhalb des Bildes zu identifizieren. Dann lässt sich ein klassischer Ressourcenplatz außerhalb des Bildes nutzen, der als „Kraftplatz" oder „Zauberplatz" eingeführt und verankert wird, eventuell auch mit einem Mentor als Unterstützung. Die Ressourcen werden dann von diesem Kraftplatz aus ins Bild geschickt – gerne auch ganz „greifbar" mit einem Symbol oder Gegenstand. So verändert sich das Bild Schritt für Schritt und das Kind findet zu seiner Lösung.

- **Das Ergebnis**
  Ebenso wie zu Beginn das Ziel benannt wurde, braucht es am Ende eine klare, verständliche Formulierung fürs Ergebnis. „Was ist jetzt anders?" „Was ist leichter? Was ist besser?" „Was wirst du morgen tun?"
  Neben den Auswirkungen in Richtung auf das eingangs bestimmte Ziel bzw. Thema empfiehlt es sich bei Kindern zudem, die Wirkung auf den Selbstwert im Blick zu behalten. Wo und wie fühlt sich das Kind jetzt stärker, kraftvoller, mutiger, selbstbewusster?

„Kann ich mein eigenes Kind coachen?"

Ich rate allen Eltern davon ab, ihre Kinder selbst zu coachen. Auch wenn das in Einzelfällen (in denen das Kind darum bittet bzw. freiwillig zustimmt) durchaus erfolgreich möglich sein kann, ist die dafür notwendige klare Rollentrennung doch oft ziemlich anstrengend. Ich empfehle deshalb, eigene Kinder von Dritten coachen zu lassen, um selbst in der Vater- bzw. Mutterrolle bleiben zu können.

6.3 Persönlichkeits-Panorama mit Paaren

Für jedes Paarcoaching braucht es eine hohe Sozial- und Prozesskompetenz des Coaches und grundsätzliche Spielregeln, zum Beispiel die der Allparteilichkeit. Da dieses Thema ein eigenes Buch füllen könnte, beschränke ich mich hier auf Hinweise, wie ein Coach, der „Paarcoaching kann", das Persönlichkeits-Panorama in diesem Setting einsetzen kann.

Die erste Herausforderung in einem Persönlichkeits-Panorama mit einem Paar ist die Menge an Material, die entsteht, wenn man nicht nur mit einer, sondern mit zwei Personen arbeitet. Deshalb braucht es zunächst die Ausrichtung des „thematischen Schweinwerfers" fürs Panorama auf die eigene Rolle: **Ich in unserer Partnerschaft.** Das fokussiert die Inhalte und reduziert die Menge der Mosaiksteine, mit denen im Panorama gearbeitet wird.

Vom Vorgehen her stehen dir für die Arbeit mit einem Paar zwei Möglichkeiten zur Verfügung:

1. Du machst **zwei getrennte Infosammlungen** und erarbeitest daraus mit jeder Person ihr individuelles Persönlichkeits-Panorama. Der jeweils andere kann dabei zuhören und zusehen, wie sich das Bild der Partnerin bzw. des Partners entwickelt. Oder es wird getrennt erarbeitet und anschließend können sich die beiden Partner*innen bzw. ihre Panoramen besuchen und einander ihre Bilder vorstellen. Falls zwei Coaches und zwei Räume zur Verfügung stehen, können diese sogar parallel mit dem Paar arbeiten.

2. Das Paar entwickelt aus **einer gemeinsamen Infosammlung** ein gemeinsames Paar-Panorama, in das beide ihre Karten legen.

   Hier empfiehlt sich eine Begrenzung des Materials, weil in der gemeinsamen Informationssammlung viele Mosaiksteine sichtbar werden. Jede*r kann alles erzählen, schreibt aber nur eine begrenzte Anzahl an Karten:
   - 1–3 Karten für meine Rollen in der Partnerschaft
   - 3–5 Karten für meine zentralen Werte
   - 5–7 Karten zu meinen Stärken oder Fähigkeiten
   - 5–7 Karten zu meinen Verhaltensweisen
   - eventuell auch noch Karten für die Umwelten, in denen wir als Paar unterwegs sind

   Aus diesen Karten legen beide Partner*innen ein gemeinsames Panorama. Natürlich können sie einvernehmlich entscheiden, noch weitere gemeinsame Karten zu ergänzen.

Was bringt ein Paar-Panorama dem Paar?

Im Paar-Panorama werden wichtige Aspekte der Individualität und Gemeinsamkeit in der Partnerschaft sichtbar:

- Wer bin ich und was bringe ich in unsere Partnerschaft mit ein?
- Welche Werte verbinden uns? Welche Werte sind mir individuell wichtig?
- Welche Stärken bringt jede*r von uns ein? Welche Kompetenzen, Fähigkeiten, Skills?
- Was tun wir als Paar gemeinsam?
- Wo sind wir als Paar gemeinsam „unterwegs"?

Mit dem Panorama kann für das Paar begreifbar werden, was sie in der Partnerschaft verbindet und wer sie als Paar sind bzw. sein wollen. In der Arbeit – wenn sie nicht einzeln stattfindet – kommt aber auch die kommunikative Dynamik des Paars zum Tragen. Wie können beide im Prozess gut miteinander umgehen? Wie geübt sind sie in Kommunikationsprozessen und in der Konfliktlösung, wenn sie sich nicht einig sind? Diese Dynamik gilt es für dich als Coach zu erkennen und zu steuern.

Das Ergebnis eines solchen gemeinsamen Paar-Panoramas kann eine intensive Stärkung des Wir-Gefühls sein. Vielleicht findet das Paar auch ein Motto oder Symbol für die Partnerschaft, das sie dann greifbar und gegenständlich mit in den eigenen Alltag nehmen.

„Kann ich das denn auch mit meinem eigenen Partner machen?"

Viele Coaches fragen sich, wie sie die Gratwanderung zwischen „Ich lasse meinen Partner an meiner Coachingausbildung bzw. -erfahrung teilhaben" und „Ich coache meinen Partner" für beide Seiten gut hinbekommen. Wichtig ist dabei immer eine klare Trennung der Rollen. Ein Partner ist kein Coach und ein Coach ist kein Partner – jedenfalls nicht gleichzeitig. Viele Coaches **können** den eigenen Partner auch einmal coachen. Die Frage ist aber, ob beide das auch gleichermaßen **wollen**.

Wie immer im Coaching hilft auch hier eine saubere Auftragsklärung. Was ist das Ziel? Ist der Partner, der sich coachen lässt, bereit, die Freundin für die Dauer des Coachings nicht als Freundin zu sehen, sondern als Coach? Ist das auch dem Coach möglich? Klare Vereinbarungen über Zeit und Dauer müssen getroffen werden, und das, was im Coachingprozess gesprochen wird, das bleibt auch in diesem Rahmen und wird nicht beim nächsten Streit ausgepackt und als Argument benutzt. Der äußere Rahmen kann übrigens die Rollentrennung unterstützen: Das Coaching findet in einem neutralen Raum statt und nicht im gemeinsamen Wohnzimmer.

Wenn der Wunsch besteht, als Paar ein gemeinsames Paar-Panorama zu machen, dann ist es besonders hilfreich, wenn ein außenstehender Coach begleitet. Falls das nicht geschieht, braucht es innerhalb des Paars eine klare Vereinbarung darüber, dass beide in diesem Prozess auf Augenhöhe dabei sind. Der coachingerfahrene Partner wird die Methode und das Vorgehen vorab vorstellen, sich dann aber aus seiner Coachingrolle verabschieden und in seiner Rolle **Ich in unserer Partnerschaft** teilnehmen.

Ich empfehle, dass sich eigene Partner*innen von Dritten coachen lassen, damit man selbst in der Rolle der Partnerin bzw. des Partners bleiben kann.

6.4 Das Team-Panorama

Auch in Teams lässt sich die Methode des Persönlichkeits-Panoramas erfolgreich einsetzen. Wie beim Paarcoaching gilt auch hier der Grundsatz: Sobald mehr als eine Person beteiligt ist, werden Kommunikationsprozesse komplexer, es entsteht Dynamik und die Menge an Material nimmt deutlich zu. Das Team-Panorama sollte deshalb nur von Coaches eingesetzt werden, die Erfahrung im Teamcoaching haben.

Prinzipiell sind zwei verschiedene Vorgehensweisen möglich, deren Indikation vom Ziel und Entwicklungsstand des Teams abhängt:

1. **Neue Teams: Ein Panorama für jedes Teammitglied**
   Wenn es darum geht, ein neues Team zusammenzuführen, bietet sich die Variante an, dass jedes Teammitglied sein persönliches Panorama legt und es den anderen vorstellt. Das Ergebnis sind dann so viele Panoramen, wie es Teammitglieder gibt.

2. **Bestehende Teams: Ein gemeinsames Panorama für das Team**
   Wenn ein bestehendes Team sein Wir-Gefühl und die Kooperation verbessern möchte, kann ein gemeinsames Team-Panorama gelegt werden, bei dem alle Karten in ein Panorama kommen. Dazu findet zunächst eine gemeinsame Informationssammlung statt, nach der sich das Team auf eine gemeinsame Struktur für das Panorama-Bild einigt (z. B. Pyramide, Säulen, Cluster …). Dann legen die Teammitglieder ihre Karten nacheinander in das gemeinsame Panorama. Die Bearbeitung des Bildes erfolgt ebenfalls gemeinsam.

In beiden Fällen lässt sich für den Coachingprozess folgende Struktur anwenden:

1. **Auftrag klären**
   Im Teamcoaching unterscheidet sich der Auftraggeber in der Regel vom Team, das gecoacht wird. Den Auftrag erteilt zum Beispiel die Personalabteilung, das Team kommt aber aus einem anderen Bereich des Unternehmens. Der erste Schritt ist nun eine Auftragsklärung mit den beteiligten Gruppen:
   - Was will das Team erreichen?
   - Was möchte der Auftraggeber?

   Diese beiden Aspekte des Auftrags gilt es zu verbinden.

2. **Ziel für das Panorama klären**
   Nach der Auftragsklärung beginnt das eigentliche Teamcoaching. Frag dann als Erstes noch einmal explizit nach dem Ziel, das das Team mit dir zusammen erreichen will. Du hast dabei den (vorab geklärten) Auftrag im Blick, bist jedoch offen dafür, wie das Team sein Ziel formuliert.

3. **Spielregeln vereinbaren**
   Um eine gute Grundlage für offene Kooperation im Coachingprozess zu legen, braucht es zunächst „Spielregeln", und diese müssen verstanden, akzeptiert und vereinbart werden. Zum Beispiel: ausreden lassen, zuhören, wertschätzender Umgang mit anderen Meinungen usw.

4. **Arbeitsrahmen für das Panorama vorstellen**
   Wie im Einzelcoaching stellst du nun den Nutzen der Methode vor, informierst das Team über die verschiedenen Phasen der Vorgehensweise und mögliches Arbeitsmaterial.

5. **Arbeitsauftrag für die Infosammlung geben**
   Ganz wichtig: Der Fokus für jedes Teammitglied liegt auf der **eigenen Rolle im Team.**
   Am besten hast du Leitfragen für die Informationssammlung vorbereitet, damit das Team im Partnergespräch arbeiten kann. Nach der Informationssammlung schreibt jedes Teammitglied seine Karten (parallel zum Partner in Einzelarbeit). Das spart eine Menge Zeit. Und die Menge an Karten wird begrenzt:
   - Eine Karte für meine Rollen Team
   - Drei Karten für meine zentralen Werte
   - Fünf Karten für meine Stärken oder Fähigkeiten
   - Fünf bis sieben Karten für Verhaltensweisen
   - eventuell auch Karten für die verschiedene Umwelten / Kontexte, in denen wir als Team unterwegs sind

6. **Team-Panorama legen**
   Jedes Teammitglied hat nun einen Stapel an Karten.
   - Beim **individuellen Panorama** legt jede Person ihr eigenes Bild. Anschließend gibt es einen Rundgang, die „Vernissage", bei der jede Person ihr Bild den anderen kurz vorstellt.
   - Beim **gemeinsamen Team-Panorama** wird nun ein gemeinsames Bild gelegt. Dafür einigt sich das Team zunächst auf eine Struktur, dann wird geklärt, wer beginnt. Die erste Person legt ihre Karten in das gemeinsame Bild und erklärt beim Legen für die anderen, was jede Karte und ihre Position bedeuten. Die anderen Teammitglieder hören zu und können am Ende evtl. Verständnisfragen stellen. Dann kommt die nächste Person dran und legt ihre Karten dazu.
7. **Team-Panorama bearbeiten**
   - Beim **individuellen Panorama** erfolgt keine weitere Bearbeitung. Die Panoramen können als Ressourcen-Anker fotografiert und im Arbeitsumfeld sichtbar platziert werden. In der aktuellen Session können die Teammitglieder anschließend in Kleingruppen über die Wahrnehmung der anderen sprechen. „Was habe ich in dir gesehen?" „Was ist neu für mich?" „Wo sind wir ähnlich – wo unterscheiden wir uns?" „Wer bringt welche Stärken ein, und was bedeutet das für unser gemeinsames Projekt?"
   - Beim **gemeinsamen Team-Panorama** bearbeiten alle gemeinsam das Bild. Wo gibt es Problemthemen, wo gibt es Ressourcen? Was gilt es zu ändern? Du als Coach solltest hier sehr aufmerksam und präsent sein und die Interaktion im Team während der Bearbeitung im Blick behalten, weil dabei natürlich eine gewisse Kommunikationsdynamik entsteht. Und dann braucht es die Allparteilichkeit des Coaches.
8. **Ergebnis formulieren**
   Für die Arbeit mit Teams empfehle ich einen Abschluss in verschiedenen Phasen:
   - Blitzlicht: „Wie geht es mir jetzt? Wie habe ich unsere Zusammenarbeit heute erlebt?"
   - Erkenntnisse: „Was ist neu / wichtig / hilfreich für mich?" „Was nehme ich mit?"
   - Ziele: „Welche weiteren Maßnahmen wollen wir vereinbaren?" „Wie werden wir mit den Erfahrungen und Erkenntnissen umgehen?"

Im Seminar wird an dieser Stelle meist die Frage gestellt, mit wie vielen Personen ein Coach ein solches Team-Panorama machen kann. Meine erste Antwort lautet immer: Das hängt von der Erfahrung des Teamcoaches ab. Doch auch die sehr erfahrenen kommen bei größeren Teams schnell an ihre Grenzen – und ebenso die Teilnehmenden. Die Menge an Material, die in einem Team-Panorama entsteht, erfordert immer enorm viel Konzentration und Aufmerksamkeit.

Deshalb empfehle ich für ein Team-Panorama eine Gruppengröße von maximal fünf Personen. Falls das Team größer ist, kannst du mit Teilgruppen arbeiten, die sich anschließend ihre Ergebnisse gegenseitig vorstellen. Besonders gut geht das, wenn mehrere Coaches parallel mit den einzelnen Teams arbeiten und dann eine gemeinsame Vernissage stattfinden kann.

Ein Beispiel für ein Team-Panorama

Die Abbildung zeigt das Panorama von Martin, einem Teilnehmer aus meinem allerersten Seminar zum Persönlichkeits-Panorama, das Anfang der 2000er-Jahre stattfand. Martin war damals bereits als Teamcoach in einem sehr spannenden Arbeitsbereich tätig: Er betreute Fallschirmformationsspringer. Auch er selbst übte diesen Sport aus.

Damals arbeitete Martin mit einem fünfköpfigen Team, bestehend aus vier professionellen Springern und einem Kameramann. In Wettkämpfen musste ein Kameramann die Leistung des Teams dokumentieren und trug damit entscheidend zu dessen Erfolg bei. Der Auftrag an Martin lautete: Wir haben neue Menschen ins Team aufgenommen, wollen sie integrieren und alle gut zusammenarbeiten.

Martin führte die Interviews nacheinander mit den fünf Personen. Dabei waren alle im Raum und hörten also, was ihre Kollegen sagten. Dann schrieb jede Person eine begrenzte Anzahl an Karten und es wurde gemeinsam ein Bild ausgelegt. Anschließend wurden im Bild die Probleme markiert und es wurde gemeinsam daran gearbeitet.

Es gibt kein Foto dieses Panoramas (digitale Fotografie steckte noch in den Kinderschuhen) und deshalb zeige ich hier eine Nachbildung, die ich gemeinsam mit Martin erstellt habe.

Die ovalen Karten symbolisieren die Teammitglieder. Es gibt einen „Stillen", den „Videomann" sowie jeweils einen namens „Aufbrausen", „Zusammenfassen" und „letztes Wort". Die Teammitglieder liegen an unterschiedlichen Stellen im Bild.

Einige Blitze sind zu erkennen: „Die vier Wilden", „arrogant", „wild entschlossen", „unkonzentriert", „beirrbar". Mit der „Unterstützung" klappt es nicht so recht, „aufbrausen" ist auch schwierig, und der „Stille" bekommt ein Fragezeichen.

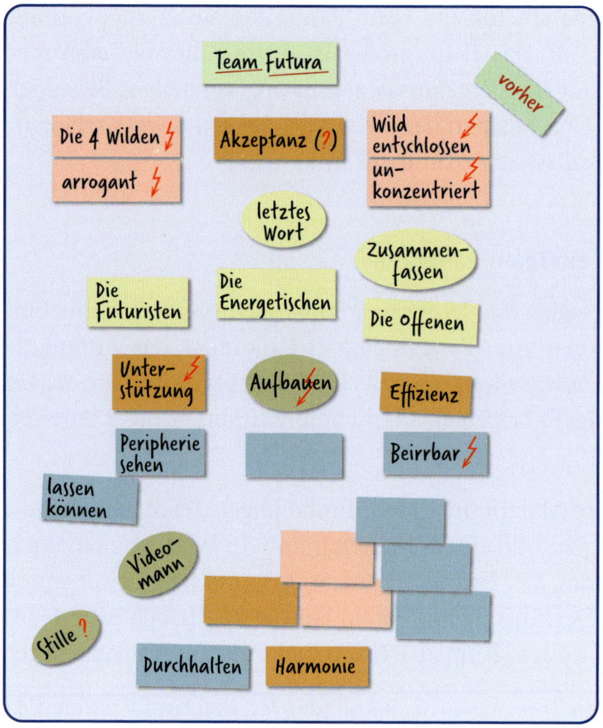

Abbildung 6.1: Team-Panorama – vorher

Die als problematisch bewerteten Karten wurden nun gemeinsam mit Unterstützung des Coaches betrachtet und es wurden Neubewertungen gefunden. Dadurch veränderten sich das Bild und die Positionen der einzelnen Karten.

Für das Schlussbild wählte das Team als Anordnung eine Form, die an ein Flugzeug erinnert. Die Menschen im Team sind in einem Halbkreis angeordnet und zentrale Werte sind nun: „offen", „energetisch", „zielsicher". Auch haben die einzelnen Personen mit ihrer Rolle im Team eine andere Bewertung bekommen. Der „Stille" wird zu „immer dabei", „das letzte Wort" zu „Auf den Punkt". „Zusammenfassen" wird nun als „Analytiker" gesehen, „aufbrausen" als „Antrieb" – und der „Videomann" heißt jetzt „Meta-Fuzzi", denn das Team hat erkannt, dass sie in ihm eine ganz wichtige Ressource haben, eine Person, die aus der Meta-Perspektive Feedback geben kann.

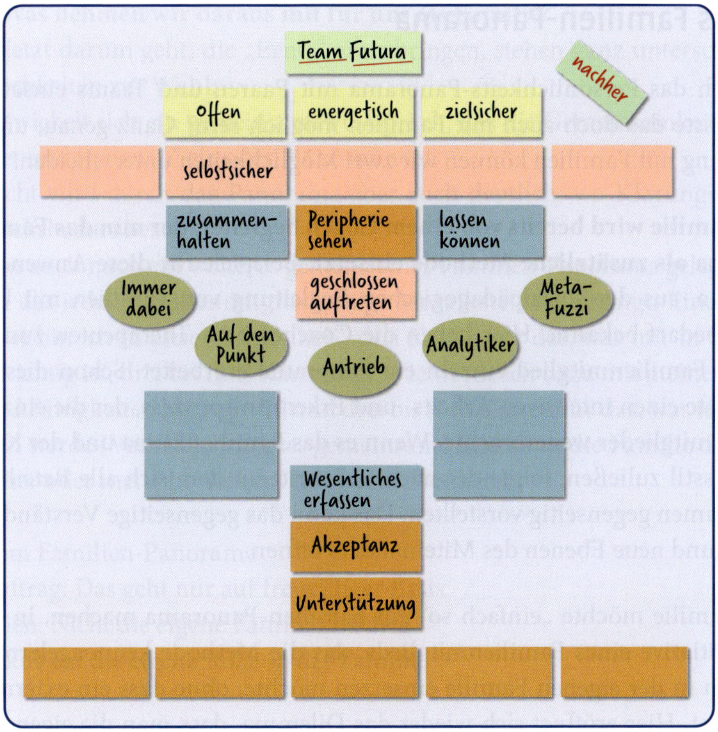

Abbildung 6.2: Team-Panorama – nachher

Abschließend möchte ich eine persönliche Empfehlung aussprechen:

- Wer Teams coachen will, sollte „Teamcoaching können".
- Wer mit Teams ein Persönlichkeits-Panorama machen möchte, sollte „Persönlichkeits-Panorama können".

6.6 Das Persönlichkeits-Panorama als Hilfe im Gestalten von Übergängen

Besonders im Einzelcoaching taucht häufig die Frage auf, wie ein bevorstehender Übergang gut vorbereitet oder eine bereits eingetretene Veränderung ins eigene Lebenskonzept und Selbstbild integriert werden kann. Das Persönlichkeits-Panorama kann in beiden Fällen wirksam und nachhaltig unterstützen.

Seit mehr als 20 Jahren biete ich das Seminar „Persönlichkeits-Panorama" an und nach zwei intensiven Coachingtagen, in denen alle Teilnehmenden ihr eigenes Panorama erarbeitet und eine andere Person dabei begleitet haben, werten wir die Erfahrungen aus. Einige dieser Rückmeldungen hast du im Praxisteil des Buches lesen können. Zum Abschluss des Seminars frage ich dann, wie und wo man das Panorama noch einsetzen könnte. Dabei entstehen immer wieder neue Ideen und innovative Blickwinkel. Einige davon möchte ich dir zum Abschluss vorstellen.

Übergänge im Leben

Persönlich

- Hochzeit oder andere Formen der Verbindlichkeit in der Partnerschaft
- Trennung
- Ein Kind wird geboren – Übernahme der Elternrolle, „vom Paar zur Familie"
- Ein Kind verlässt das Haus – „empty nest", „zurück als Paar"
- Abschiede – aus unterschiedlichen Gründen: nach Umzug, Trennung, Todesfall
- Zu besonderen Anlässen – Geburtstag, Jahrestag

Schule

- Stärkenpanorama eines Kindes
- Klassenpanorama: Was zeichnet unsere Klassengemeinschaft aus?
- „Rückenwind" zum Schulwechsel
- Berufs-, Studien- oder Ausbildungswahl

Beruflich – individuell

- Eintritt ins Berufsleben
- Einstieg in die Selbstständigkeit, Gründungsphase
- Veränderung der Aufgaben: Übernahme einer Führungsrolle
- Berufliche Neuorientierung (egal, ob geplant oder unfreiwillig durch externe Veränderung)
- Aufgabe der Selbstständigkeit
- Übergang in den Ruhestand

Beruflich – im Team

- Neubeginn – im Team, im Unternehmen, in der Gründungsphase
- Begleitung agiler Teams
- Panorama des Unternehmens, der Organisation, z. B. zur Entwicklung eines Leitbilds
- Nachfolge – Generationenwechsel und Übergabe eines Unternehmens
- Beschreibung von Stellen, Positionen, Projekten
- Marketing, z. B. zur Entwicklung einer Persona oder zur Zielgruppenbeschreibung

Geburtstagsgeschenk: „Ein Panorama für dich"

- Die Gäste erstellen für das Geburtstagskind ein Persönlichkeits-Panorama aus ihrer Sicht als Geschenk.

7. Fazit

Das Persönlichkeits-Panorama ist eine Bereicherung im Coaching: Mit seiner methodischen Systematik ermöglicht es ein umfassendes Verständnis des Coachees, seiner Persönlichkeit, seiner Anliegen und Stärken. Gleichzeitig bleibt aber für Coach und Coachee in der praktischen Prozessbegleitung genügend Freiraum für die individuelle Gestaltung ihrer gemeinsamen Reise.

Das Persönlichkeits-Panorama erweitert die Diagnostik im Coaching

Es hilft bei der ganzheitlichen Erfassung von Themen, Ressourcen und der Persönlichkeit eines Klienten. Ein statisches Diagnosekonzept, das eine umfangreiche Untersuchung des Klienten vor dem „eigentlichen" Coaching vorsieht, würde einem prozessorientierten Coachingverständnis nicht gerecht. Im Coaching gibt es bisher nur wenige diagnostische Ansätze; einer ist zum Beispiel die biografisch orientierte „Time-Line-Arbeit", die hilft, ein Problem(-Verhalten) in seiner Entstehungsgeschichte zurückzuverfolgen. Dabei wird ein spezifisches Problem aber isoliert beleuchtet; der Stellenwert dieser Problematik für die Person als Ganzes wird nicht explizit betrachtet. Für die Aufarbeitung eines speziellen Problembereichs ist das ein wirkungsvoller Ansatz, für die umfassende Planung eines Coachingsprozesses zur Persönlichkeitsentwicklung erweist sich aber ein breiter angelegter Zugang wie im Persönlichkeits-Panorama als sinnvoller.

In der Arbeit mit dem Persönlichkeits-Panorama lernt der Coachee Facetten seines Selbstbilds kennen. Er bearbeitet nicht nur einzelne, isolierte Themenbereiche oder Symptome, sondern kann Zusammenhänge erkennen, Ressourcen entdecken, Werte erleben und die eigene Entwicklung ganzheitlich verstehen und gestalten.

Die Transfersicherung ist im Panorama bereits angelegt

Das lässt sich über die psycho-logischen Ebenen erklären, denn die Verhaltensebene umfasst eine konkrete Umsetzung im Handeln. Fähigkeiten beschreiben persönliche Bereiche, in denen bestehende Strategien erweitert und neue entwickelt werden können. Auf der Werteebene ist die Motivation zuhause. Sie stellt den wesentlichen Motor der persönlichen Entwicklung dar. Ziele bekommen so ihre persönliche Bedeutung und ihre Kraft. Ein Motto kann die Richtung weisen. Und die Ebene der Identität verbindet alle psycho-logischen Ebenen im Verständnis des eigenen Selbst, der persönlichen Rollen und deren Gestaltung.

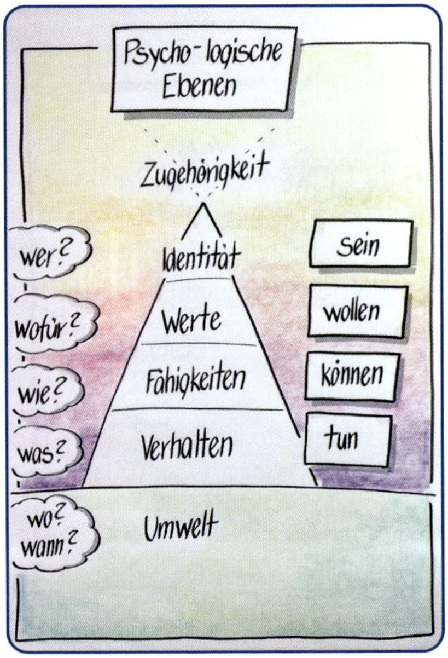

Alle psycho-logischen Ebenen werden im Persönlichkeits-Panorama visualisiert und integriert. Das ermöglicht dem Klienten ein umfassenderes Selbstverständnis. Werte und Ziele lassen sich ebenso ganzheitlich einordnen wie Ressourcen zu ihrer Verwirklichung und Erreichung.

Das Persönlichkeits-Panorama arbeitet ganzheitlich mit System 1 und 2.

- System 2 wird bei der Strukturierung der Inhalte aktiv, beim Formulieren von Erkenntnissen und Ergebnissen und beim Einordnen ins eigene Verständnis.
- System 1 ist während des gesamten Prozesses beteiligt. Die Karten sind farbig, „anfassbar" und können bewegt werden. Beim Sortieren und Legen spüren die Klient*innen ihrem inneren Erleben nach. Sie können in das Bild hineinsteigen, darum herumgehen und es sinnlich be-greifen.

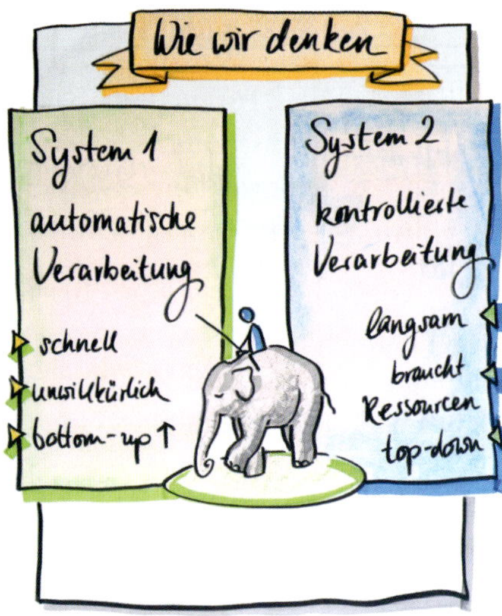

Das Panorama wird zur Metapher für die eigene Persönlichkeit. Im Erleben der eigenen Stärken, Werte und Rollen erfahren Klient*innen die Vielfalt ihres Selbstbilds. Sie können verschiedene Facetten betrachten, erleben, integrieren und so die Grundlage für ihre persönliche Entwicklung im Sinne der Selbstaktualisierung legen. Das Persönlichkeits-Panorama holt in den Blick, was ist und nicht, was sein sollte.

„Werde, wer du bist."

Literatur

Blickhan, Daniela (1995): *Mit Kindern wachsen. NLP im Alltag.* fünften erweiterte Auflage. Paderborn: Junfermann.

Blickhan, Daniela (2018): *Positive Psychologie. Ein Handbuch für die Praxis.* 2., erweiterte Auflage. Paderborn: Junfermann.

Blickhan, Daniela (2021): *Positive Psychologie und Coaching. Von der Lösung zur Wachstumsorientierung.* Paderborn: Junfermann.

Diener, Ed; Oishi, Shigehiro; Lucas & Richard E. (2009): Subjective well-being: The science of happiness and life satisfaction. In: *Oxford handbook of positive psychology* 2, S. 187–194.

Dilts, Robert; Grinder, J. & Bandler, Richard (1985): *Strukturen subjektiver Erfahrung. Ihre Erforschung und Veränderung durch NLP.* Paderborn: Junfermann.

Dilts, Robert; Hallbom, Tim & Smith, Suzi (1991): *Identität, Glaubenssysteme und Gesundheit. Höhere Ebenen der NLP-Veränderungsarbeit.* Paderborn: Junfermann.

Fredrickson, Barbara (2013): Positive emotions broaden and build. In: *Advances in experimental social psychology* 47, S. 1–53.

Gollwitzer, Peter M. (1999): Implementation intentions: strong effects of simple plans. In: *American Psychologist* 54 (7), S. 493.

Haidt, Jonathan (2006): *The happiness hypothesis. Finding modern truth in ancient wisdom.* New York: Basic Books.

Kahneman, Daniel (2011): Thinking, Fast and Slow. New York: Farrar, Straus and Giroux.

Keyes, Corey L. M. (2002): The Mental Health Continuum: From Languishing to Flourishing in Life. In: *Journal of Health and Social Behavior* 43 (2), S. 207. DOI: 10.2307/3090197.

Linder-Pelz, S. (2010): *NLP Coaching: An Evidence-Based Approach for Coaches, Leaders and Individuals:* Kogan Page.

Mohl, Alexa (2000): *Die Wirklichkeit des NLP. Erkenntnistheoretische Grundlagen und ethische Schlussfolgerungen. Nur die Liebe ermöglicht uns, diese Welt hervorzubringen.* Paderborn: Junfermann.

Ötsch, Walter; Stahl, Thies & Jochims, Inke (1997): *Das Wörterbuch des NLP. Das NLP-Enzyklopädie-Projekt.* Paderborn: Junfermann.

Peterson, Christopher (2013): *Pursuing the good life: 100 reflections in positive psychology:* Oxford University Press.

Rogers, Carl R. (1965): The concept of the fully functioning person. In: *Pastoral Psychol* 16 (3), S. 21–33. DOI: 10.1007/BF01769775.

Rozin, Paul & Royzman, Edward B. (2001): Negativity Bias, Negativity Dominance, and Contagion. In: *Pers Soc Psychol Rev* 5 (4), S. 296–320. DOI: 10.1207/S15327957PSPR0504_2.

Seligman, M. E. P. (1998): The president's address. In: *American Psychologist* (54), S. 559–562.

Seligman, M. E. P. (2005): Positive Psychology, Positive Prevention, and Positive Therapy. In: Shane J. Lopez und C. R. Snyder (Hg.): Handbook of positive psychology. New York, Oxford, New York: New York; Oxford: Oxford University Press, S. 3–9.

Seligman, Martin E. P. (2012): Flourish - Wie Menschen aufblühen. München: Kösel.

Shams, Ladan & Seitz, Aaron R. (2008): Benefits of multisensory learning. In: *Trends Cogn. Sci. (Regul. Ed.)* 12 (11), S. 411–417. DOI: 10.1016/j.tics.2008.07.006.

SNYDER, C. RICHARD (2002): Hope theory: Rainbows in the mind. In: *Psychological Inquiry* 13 (4), S. 249–275.

STORCH, MAJA & TSCHACHER, WOLFGANG (2014): *Embodied Communication. Kommunikation beginnt im Körper, nicht im Kopf.* Bern: Verlag Hans Huber.

STORCH, MAJA; TSCHACHER, WOLFGANG; HÜTHER, GERALD & CANTIENI, BENITA (2022): *Embodiment. Die Wechselwirkung von Körper und Psyche verstehen und nutzen.* 4., überarbeitete Auflage. Bern: Hogrefe.

WONG, PAUL T. P. (2011): Positive psychology 2.0: Towards a balanced interactive model of the good life. In: *Canadian Psychology/Psychologie canadienne* 52 (2), S. 69–81. DOI: 10.1037/a0022511.

WORLD HEALTH ORGANISATION WHO. (2022). ↗ https://www.who.int/news/item/02-03-2022-covid-19-pandemic-triggers-25-increase-in-prevalence-of-anxiety-and-depression-worldwide

WORLD HEALTH ORGANISATION WHO. (2013). Mental health: Depression. Retrieved from ↗ http://www.who.int/mediacentre/factsheets/fs369/en/

Index